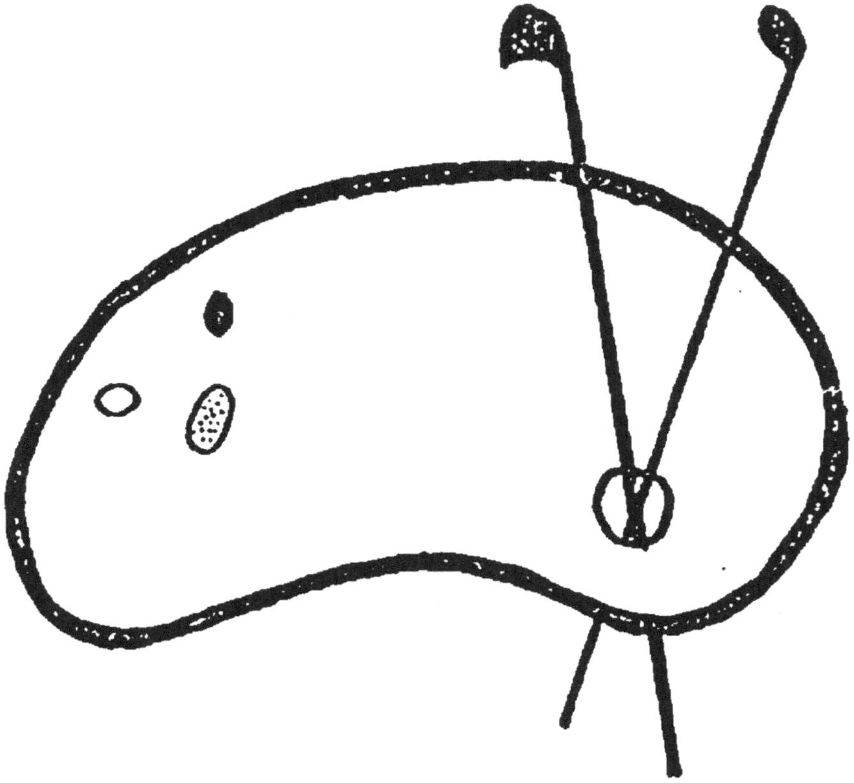

DEBUT D'UNE SERIE DE DOCUMENTS
EN COULEUR

# DU DÉTERMINISME

ET DE LA

# RESPONSABILITÉ SOCIOLOGIQUES

PAR

## RAOUL DE LA GRASSERIE

Lauréat de l'Institut de France
Membre de la Société de Sociologie de Paris
Associé de l'Institut International de Sociologie

(Extrait de la *Revue Internationale de Sociologie*).

PARIS

V. GIARD & E. BRIÈRE

LIBRAIRES-ÉDITEURS

16, Rue Soufflot, 16

1901

V. GIARD ET E. BRIÈRE, ÉDITEURS, 16, RUE SOUFFLOT. PARIS.

# BIBLIOTHÈQUE
## SOCIOLOGIQUE INTERNATIONALE

PUBLIÉE SOUS LA DIRECTION DE

### RENÉ WORMS

Secrétaire Général de l'Institut International de Sociologie.

Cette collection se compose de volumes in-8°, reliure souple (1).

*Ont paru :*

RENÉ WORMS : *Organisme et Société.* . . . . . . . . . . . . . 8 fr.
PAUL DE LILIENFELD : *La Pathologie Sociale.* . . . . . . . . 8 fr.
FRANCESCO S. NITTI : *La Population et le Système social.* . . . . . 7 fr.
ADOLFO POSADA : *Théories modernes sur les Origines de la Famille, de la Société et de l'Etat* . . . . . . . . . . . . . . . . 6 fr.
SIGISMOND BALICKI : *L'Etat comme organisation coercitive de la Société Politique.* . . . . . . . . . . . . . . . . . . 6 fr.
JACQUES NOVICOW : *Conscience et Volonté Sociales.* . . . . . . . . 8 fr.
FRANKLIN H. GIDDINGS : *Principes de Sociologie.* . . . . . . . 8 fr.
ACHILLE LORIA : *Problèmes Sociaux Contemporains.* . . . . . . . 6 fr.
MAURICE VIGNES : *La Science Sociale d'après les principes de Le Play et de ses continuateurs, 2 volumes.* . . . . . . . . . . . 20 fr.
M. A. VACCARO : *Les Bases sociologiques du Droit et de l'Etat.* . . . 10 fr.
LOUIS GUMPLOWICZ : *Sociologie et Politique.* . . . . . . . . . 8 fr.
SCIPIO SIGHELE : *Psychologie des Sectes.* . . . . . . . . . . 7 fr.
G. TARDE : *Etudes de Psychologie Sociale.* . . . . . . . . . 9 fr.
MAXIME KOVALEWSKY : *Le Régime économique de la Russie.* . . . . . 9 fr.
C. N. STARCKE : *La Famille dans les diverses sociétés* . . . . . . . 7 fr.
RAOUL DE LA GRASSERIE : *Des Religions comparées au point de vue sociologique.* . . . . . . . . . . . . . . . . . . . . 9 fr.
JAMES MARK BALDWIN : *Interprétation sociale et morale des principes du développement mental.* . . . . . . . . . . . . 12 fr.
G. L. DUPRAT : *Science Sociale et Démocratie* . . . . . . . . . 8 fr.
H. LAPLAIGNE : *La Morale d'un Egoïste; essai de morale sociale* . . . 7 fr.
JACQUES LOURBET : *Le Problème des Sexes* . . . . . . . . . . 7 fr.
E. COMBARD : *La Marche de l'Humanité et les Grands Hommes d'après la doctrine positive.* . . . . . . . . . . . . . . . . . 8 fr.
RAOUL DE LA GRASSERIE : *Les Principes sociologiques de la Criminologie.* 10 fr.

*Paraîtront successivement :*

JOAQUIN COSTA, membre de l'Académie Royale de Madrid et de l'Institut Int. de Sociologie: *Le Collectivisme agraire en Espagne, les doctrines et les faits.*
JULES MANDELLO, professeur à l'Université de Presbourg, membre de l'Institut Int. de Sociologie : *Essai sur la Méthode des Recherches Sociologiques.*
MAXIME KOVALEWSKY, membre de l'Institut International de Sociologie : *La France économique et sociale à la veille de la Révolution. — Tableau des origines et de l'évolution de la famille et de la propriété* (nouvelle édition).

(1) *Les volumes de la collection peuvent aussi être achetés brochés avec une diminution de 2 francs.*

Beaugency. — Imp. J. Laffray

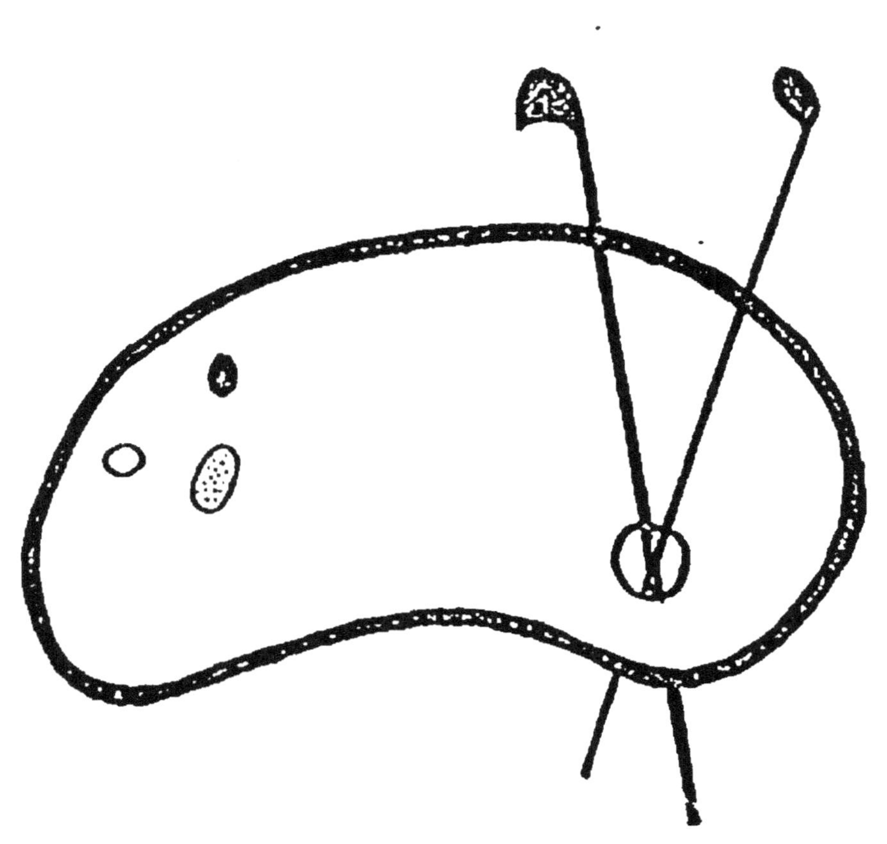

FIN D'UNE SERIE DE DOCUMENTS
EN COULEUR

# DU DÉTERMINISME

## ET DE LA

# RESPONSABILITÉ SOCIOLOGIQUES

PAR

## RAOUL DE LA GRASSERIE

Lauréat de l'Institut de France
Membre de la Société de Sociologie de Paris
Associé de l'Institut International de Sociologie

(Extrait de la *Revue Internationale de Sociologie*).

PARIS

V. GIARD & E. BRIÈRE

LIBRAIRES-ÉDITEURS

16, Rue Soufflot, 16

—

1901

Beaugency. — Imp. Laffray.

# DU DÉTERMINISME

## ET

## DE LA RESPONSABILITÉ SOCIOLOGIQUES

---

Le droit criminel tout entier est dominé par une question, pour ainsi dire, *préalable*, celle du *libre arbitre* et de la *responsabilité*. On sait qu'au point de vue *criminaliste* (nous verrons qu'au point de vue *éthique* et au point de vue *religieux* il n'en a pas toujours été ainsi) pendant longtemps l'idée de *libre arbitre intégral* a seule régné ; l'homme placé devant chaque acte à entreprendre était réputé libre de le faire ou de l'omettre ; s'il avait la jouissance normale de ses facultés mentales, il en répondait donc entièrement, il devait *expier* l'acte mauvais librement consenti; sans doute la Société avait aussi le droit de se défendre, et le devoir d'améliorer le coupable, mais cela ne faisait pas préjudice à celui de compenser le *mal commis* par le *mal souffert*, c'était l'*expiation*, conséquence de la libre volonté coupable. Au contraire, aujourd'hui l'idée dominante, presque exclusive, non pas dans la loi positive qui a toujours coutume de rester en arrière d'un ou deux siècles, mais dans la science, c'est celle du *déterminisme absolu*. Aucun acte de l'homme n'est libre ni directement, ni indirectement; c'est le produit de facteurs ambiants ou intérieurs; parmi ces derniers l'*hérédité* joue le premier rôle..

Par conséquent, le criminel ne saurait être coupable dans *la moindre* mesure, ce n'est pas cependant un aliéné, mais il n'est pas plus libre ni plus coupable que celui-ci ; c'est un malade, quoique d'une maladie *sui generis* qui affecte seulement sa *volonté*, et s'il ne commet pas de délits anormaux, ce n'est pas même un malade, c'est un criminel faisant le crime nécessairement, mais normalement. Or, s'il n'est pas coupable, il ne saurait être puni, il n'a rien à expier. Cependant la Société n'a pas perdu pour cela tous ses droits ; elle a bien celui d'exercer des mesures coercitives contre l'aliéné même. Elle peut et doit se défendre, soit directement en *éliminant* par divers moyens le criminel, soit indirectement en l'*améliorant* et en détruisant ainsi le danger ; il y a donc encore un *droit pénal*, mais pas un *droit de punir*. Nulle **expiation**, mais seulement élimination et réforme. On voit que ces deux principes opposés conduisent à des résultats tout-à-fait différents, et qu'il faut irrémissiblement, pour conduire tout le droit pénal, opter entre l'un ou l'autre. Cependant les adeptes de l'une ou l'autre doctrine sont rarement *conséquents* dans les effets qu'ils en déduisent ; ils sont même parfois tout à fait illogiques. Les *criminalistes classiques* frappèrent longtemps de peines sévères les délits et crimes *politiques*, lesquels ne sont graves qu'au point de vue de la défense sociale et s'atténuent à celui de la culpabilité, tandis que les *positivistes* adoucissent beaucoup ces peines, quoique les infractions au point de vue de la défense sociale soient graves.

Cette *question capitale* a été l'objet des plus vives controverses, nous ne pouvons la traiter que brièvement ici dans une rapide monographie, nous nous bornerons à l'essentiel.

Il faut distinguer tout d'abord à ce sujet les *normaux* des *anormaux*. Ces derniers comprennent, non seulement les individus frappés d'aliénation mentale proprement dite, c'est-à-dire les déments et les idiots, mais aussi ceux qui sont ainsi partiellement atteints ou dont les facultés ne sont qu'affaiblies par l'âge ou la maladie, et enfin ceux qui ont perdu momentanément l'usage de leurs facultés, les enfants, les vieillards, les monomanes, les personnes qui agissent sous l'influence de la passion, de l'ivresse, de l'hypnotisme, les prodigues, celles qui souffrent seulement mais très topiquement ici, de l'*aboulie* ; nous les avons examinés dans une autre étude, nous ne retenons dans le présent chapitre que les *normaux*. En effet, les solutions scientifiques pénales peuvent différer suivant ces deux classes.

D'autre part, il ne faut pas, au moins tout de suite, confondre la question du *libre arbitre* et celle d'*imputabilité pénale* ; nous verrons que suivant la doctrine de certains auteurs, que nous discuterons, on peut être responsable, même dans le système du déterminisme absolu et sans qu'il soit besoin d'invoquer le principe tout différent de la défense sociale, et être vraiment coupable, culpabilité qui, si elle n'entraîne pas l'idée ancienne d'expiation proprement dite, laisse place cependant à celle de peine et sert de fondement au droit de punir.

Enfin, une dernière distinction est nécessaire. Les questions de libre arbitre et d'imputabilité ne s'agitent pas seulement au point de vue *pénal social*, mais aussi à ceux de la *religion* et de la *morale psychologique*. Il y a eu, et ils furent nombreux, des *déterministes religieux* qui au point de vue psychologique étaient de fermes défenseurs du libre arbitre, nous n'avons à nous occuper ici que du déterminisme *psychologique* et du déterminisme *sociologique*, mais il ne sera pas sans intérêt de jeter un coup d'œil rapide sur les autres sortes de déterminisme.

D'ailleurs, le déterminisme, de quelque sorte qu'il soit, n'est pas toujours admis comme *intégral*; il est vrai que c'est le déterminisme absolu que la science moderne semble avoir définitivement adopté, mais il y a des revirements, non pas seulement dans la jurisprudence. mais dans la science aussi, même celle qui paraît fixée. C'est ainsi qu'en physique à la théorie des fluides a succédé celle des vibrations moléculaires résultant de la vitesse du mouvement. Très scientifiquement il peut exister des systèmes *mixtes* entre le déterminisme et le libre arbitre. Il faut les distinguer des autres purement empiriques et de conciliation entre les deux.

Ces distinctions faites, abordons la question du déterminisme chez les *normaux*.

Cette question, outre sa difficulté théorique, d'autant plus grande que la solution quelconque ne semble pas être matériellement vérifiable, se double de difficultés pratiques. La principale consiste dans ses conséquences immédiates. Si le prétendu coupable n'est pas coupable, s'il agit fatalement, comment aura-t-on le droit de le punir? On ne le pourra qu'en vertu du droit de défense sociale. Mais ce droit de défense existe aussi contre les aliénés. L'assimilation totale entre le criminel et l'aliéné s'impose donc. Alors pourquoi parler de coupables, de peine, il faut traiter tous les gens dangereux de la même manière. Pourquoi surtout, comme on tend à le faire, séparer soigneusement les aliénés criminels des autres criminels, puisqu'ils sont substantiellement identiques? Une autre difficulté consiste dans la conséquence morale qui a sa répercussion sur l'intérêt social. Sans doute, même si le crime n'est pas libre, on pourrait, au point de vue de la justice sociale, agir sur le criminel par l'*intimidation*, en créant un *facteur artificiel* de sa conduite; s'il craint que son délit ne soit découvert, il s'abstient de le commettre, mais, s'il croit possible de le cacher, il le commettra ; or, on sait que beaucoup d'infractions échappent à la répression, le déterminisme peut donc avoir des conséquences non seulement immorales au for intérieur, mais extrêmement dangereuses au for extérieur. Aussi beaucoup de ceux qui discutent la question de libre arbitre le font sous la suggestion de ces difficultés pratiques. On le conçoit facilement. Le principe, même pur et simple, de la défense sociale, ne peut, semble-t-il, être entièrement sauvegardé s'il ne se double pas de la responsabilité mora'e ; la crainte du gendarme peut être le commencement de la sagesse, ce ne peut en être le plein accomplissement.

Cependant, c'est avec raison que les déterministes affirment qu'il n'y a pas lieu de se préoccuper dans la discussion théorique de ces conséquences pratiques, sous peine de fausser cette discussion. En effet, la *vérité scientifique objective* ne dépend nullement de la *moralité des conséquences*, et la préoccupation de celles-ci ne peut que faire dévier les investigations. Bien plus, lors de toute recherche, on doit, pour la faire avec succès, ignorer où cette recherche peut conduire, autrement l'esprit de système, le *subjectif*, peut tout gâter. Il ne faut pas même se fier à l'*évidence apparente*. Ici, par exemple, il semble, en vertu d'un instinct, que le bien ne puisse être confondu avec le mal. que l'homme normal est coupable de ses délits et doive être puni ; qu'en remontant des effets à la cause, il a dû, par conséquent, être libre. Mais ne sembla-t-il pas aussi pendant longtemps que le soleil tournait autour de la terre? Ne le *voyait-on pas accomplir* ce mouvement? Cela n'était-il pas logique et naturel? L'homme seul, être intelligent, ne devait-il pas être le centre de la création ? L'esprit concluait dans le même sens que le regard. Aussi Galilée subit la condamnation la plus complète et la plus éclatante. *Et cependant la terre se meut.* Ne faut-il pas, malgé les évidences apparentes dire: *et cependant l'homme n'est pas libre ?* En cela déjà les déterministes ont raison; il faut prendre le problème corps à corps, seul à seul.

Il s'agit d'abord de la *liberté absolue.* Peut-elle exister ? Une simple observation résout la question dans le sens de la négative. Un honnête homme se trouve en face d'une personne qu'il ne tiendrait qu'à lui de tuer. Pour faire essai de son libre arbitre, il se demande s'il va accomplir cet acte. Si ce libre arbitre est absolu, il se décidera aussi bien dans un sens que dans l'autre. Il est vrai qu'il peut craindre la peine de son crime, que d'autre part il est fortement impressionné par des sentiments de pitié, qu'il n'a contre cet homme aucune haine et qu'enfin il estime que l'homicide est injuste. Mais s'il est véritablement libre, il va pouvoir surmonter tous ces motifs, et ne fut-ce que pour se prouver à lui-même sa liberté, commettre l'homicide. Ce cas d'ailleurs n'est pas impossible. Charles IX tirait de sa fenêtre sur les passants, mais c'était un anormal. Les Japonais de haute classe essaient la trempe de leurs sabres sur les personnes de condition inférieure, mais, suivant leurs idées sociales, il y a là un fait indifférent en lui-même. L'homme normal, en présence du fait réputé crime, si d'ailleurs cet homme est honnête, le commettra-t-il ? On peut, à coup sûr, répondre que non. *Quand même il le voudrait, il ne le pourrait pas*, même en se faisant violence à soi-même. Bien plus, il ne le pourrait, quand même il aurait pour le faire d'importants motifs, si ces motifs étaient d'intérêt et non de justice ; l'horreur de l'acte aurait toujours le dessus, et, pour qu'il se décide à être homicide, il lui faut, en ce sens, des motifs de justice réels ou apparents, ou l'on doit supposer que sa conscience a diminué par degrés et l'a amené jusqu'aux bords du crime. *L'homme bon n'est donc pas, dans les circonstances normales, libre de faire le mal.* Sans doute, cette vérité sera moins absolue s'il s'agit de fouler aux pieds, non l'instinct de pitié, mais celui de pudeur et celui de probité ; le mal semble moins grand, la tentation peut être plus forte ; cependant l'homme honnête ne pourra pas devenir tout-à-coup voleur, si ce n'est dans des circonstances tout à fait extraordinaires ; quelquefois il pourra devenir d'un coup débauché, mais c'est parce que les instincts physiques sont plus impérieux de ce côté, et encore franchira-t-il très difficilement certaines limites. Par contre, l'homme mauvais, s'il peut encore faire le bien, ne sera pas, le plus souvent, libre de ne pas faire le mal ; son caractère, ses actions antérieures l'y entraînent, il ne saurait réfléchir, il en serait incapable. Sans doute, dans la contre-partie, la vérité est moins évidente, mais elle n'en est pas moins vraie. L'homme honnête ne peut pas plus faire certains crimes que l'homme criminel les éviter.

Cependant il n'en est ainsi que pour les actes extrêmes. S'il s'agit d'un acte presque indifférent, seulement légèrement blâmable, l'homme honnête pourra peut-être peser le pour et le contre, et, en définitive, faire le mauvais choix, mais il le fera encore difficilement après réflexion. En tout cas, cela ne fait pas brèche au principe.

L'Evangile lui-même l'a dit : « L'arbre bon ne peut produire que de bons fruits, l'arbre mauvais que de mauvais fruits. »

S'il en était autrement, il n'y aurait plus dans ce qui est le plus intime et le plus sûr, le caractère, la moindre sécurité. Comment se fier à l'homme le meilleur, le plus éprouvé, si, lorsqu'il s'agit d'un crime, il délibère, s'il peut à son gré vous tuer, malgré tout le passé contraire qui est derrière lui, si l'on dépend de son caprice d'un moment! Autant avoir confiance dans un scélérat, car, en vertu du même principe, celui-ci est capable de la meilleure action, de la vertu la plus héroïque. Il va délibérer avec la même indifférence que l'autre, et peut-être aurons-nous la chance de nous rencontrer dans un bon moment. Il n'y a plus, d'ailleurs, ni homme honnête, ni homme pervers ; il n'y a que des actions bonnes et des actions mauvaises, ou plus exactement des actions altruistes et des actions égoïstes.

Ce n'est pas tout, car le raisonnement précédent ne serait qu'un raisonnement *téléologique*, c'est la cohérence de la personnalité humaine elle-même, qui serait détruite ; *l'homme d'aujourd'hui*, que dis-je, celui de la présente minute, serait séparé de l'homme d'*hier* et de celui de *demain* par un abîme ; il y aurait plus de différence entre eux qu'entre l'ancêtre et le descendant liés par l'hérédité. L'*unité* de la *mentalité*, sa *persistance* semblent un fait *psychologique fondamental*, sans lequel tout se dissout dans un *complet hasard*, non seulement *extérieur*, mais *intime*, sur lequel rien de scientifique dans l'action humaine ne peut plus se fonder. La biographie ne se compose plus que d'actions indépendantes les unes des autres, incapables d'aucune *sériation*, n'ayant plus de relations de *causes à effets*, et ne fournissant que l'*imprévu*, l'*irraisonnable*.

Ce qui se produirait ainsi dans la *biographie*, se produirait aussi dans l'*histoire*. Du reste, on a longtemps cru que tel était son processus, et que cette connaissance, nullement une science, n'était que le *conglomérat* d'actions capricieuses, non soustraites, il est vrai, à des motifs déterminants, mais pouvant s'écarter de ces motifs. L'histoire n'était ainsi qu'une *collection de biographies*. Depuis, on a pensé autrement ; l'*histoire*, sous le nom de *sociologie*, il est vrai, ou sous celui plus exact, d'*évolution sociologique*, est devenue une science véritable. Elle l'est parce que les actions historiques ne sont point libres, ce sont des *résultantes* précisément, qui deviennent *causalités* à leur tour, l'action dérive d'une autre action qui, elle-même, a des facteurs historiques multiples. Ces influences sont complexes, s'entrecroisent en tous sens, mais elles sont la cause, souvent inconnue, toujours opérante. C'est là qu'est le *solide* sur lequel l'histoire peut se bâtir. Le libre arbitre absolu détruirait toute la raison de l'histoire.

Il faut donc rejeter ce libre arbitre absolu, c'est le point de départ sûr. Si longtemps on l'a admis, c'est que la science était peu avancée; d'ailleurs cette admission n'avait pas eu lieu sans de nombreuses et vives protestations qui ne s'étaient pas élevées, il est vrai, dans le domaine de la criminologie, mais ailleurs, ainsi que nous le verrons. L'*irréalité de la délibération sérieuse* de l'homme sur certains actes ruine dès le premier abord ce système.

Comment se fait-il que l'homme n'ait pas effectivement le choix entre le bien et le mal dans certains cas, et qu'il ne l'ait même pas entre deux actions indifférentes? C'est ici que le déterminisme, après s'être prouvé au *négatif,* c'est-à-dire en établissant l'impossibilité du libre arbitre absolu, se prouve au *positif,* c'est-à-dire, en établissant la *genèse logique et réelle* de l'action humaine. Il invoque tout d'abord le *principe de causalité,* d'après lequel chaque *acte,* comme chaque *être,* a une *cause* qu'il l'a produit naturellement et *nécessairement,* et plus souvent encore, est le résultat de *plusieurs causes,* agissant tantôt dans le même sens, tantôt aussi dans des sens divers, et tantôt dans des sens contraires, mais dans ce dernier cas, n'opérant que par *l'excédent d'une force sur l'autre.*

Lorsqu'on se demande si l'on doit faire un acte ou ne pas le faire, on se pose une interrogation. Quelqu'un doit répondre. Est-ce soi-même? Non, car on ne se poserait pas la question, puisqu'elle serait répondue à l'avance. Il y a des personnes idéales situées dans l'intelligence qui répondront: ce sont les *motifs* qui vont tout-à-l'heure se convertir en *causes*; plus exactement, ce sont des *forces.* S'agit-t-il de commettre un acte d'improbité, d'une part vont entrer en lutte : 1° l'*horreur* de tels actes résultant d'une longue habitude de les éviter; 2° l'*éducation,* dans le même sens ; 3° l'influence *héréditaire* dans le même ; 4° les idées *religieuses* et la crainte d'un châtiment d'outre-tombe, si l'homme tenté est un honnête homme, et dans tous les cas: 5° la crainte du *blâme* des proches parents, des amis, des concitoyens, si l'action vient à être connue ; 6° la crainte du *châtiment* que peut infliger la Société. D'autre part, entrent en lutte : 1° l'*avantage* énorme qui résulterait de l'acte ; 2° l'*espoir* qu'il ne sera pas puni et même qu'il restera caché; 3° la *suggestion* des objets qu'on pourrait se procurer avec le produit du détournement ; 4° la suggestion de la misère dans laquelle on va sans cela tomber. Nous ne citons que quelques-uns des motifs, à titre d'exemple. Lesquels l'emporteront ? Tantôt les uns, tantôt les autres, suivant les individus et les cas, et l'homme honnête pourra très bien succomber. Cela dépendra de la *force respective des motifs*; il est plus probable qu'il résistera, à moins de disproportions énormes entre les motifs de part et d'autre. Mais, s'agira-t-il bien alors d'une *résistance* ? Ce mot suppose l'action de la volonté elle-même ; or, en réalité, les motifs d'un certain sens auront la *prépondérance* sur ceux d'un certain autre. Il faut se figurer les *deux plateaux d'une balance.* L'homme met dans chacun d'eux les motifs de chaque direction; il les *pèse.* C'est le *poids le plus fort* qui décide, ce n'est pas *l'homme en train de peser,* pas plus que la volonté humaine ne décide quel doit être le plus pesant des objets mis dans une balance matérielle; le regard le constate seulement et la main écrira le résultat de la pesée. C'est exactement ce que veut faire la volonté dans sa délibération, elle surveille le pesage, le constate, l'enregistre, et *l'action suit automatiquement* et immédiatement. Seulement une illusion s'est produite: l'homme croit avoir voulu, parce qu'il s'analyse difficilement lui-même.

Il en est de même, s'il s'agit d'un malhonnête homme ; seulement, pour lui, il se trouve beaucoup plus de motifs dans le plateau du mal que dans le plateau du bien. Dans le premier viennent se placer : 1° le *penchant* vers les actes mauvais résultant d'une longue habitude; 2° la mauvaise *éducation*; 3° les mauvais *exemples*; 4° l'influence *héréditaire*; 5° l'*avantage* matériel de l'acte; 6° l'*espoir* qu'il restera caché et par conséquent, impuni; 7° la *suggestion* des objets qu'il pourra se procurer avec le vol; 8° la *crainte* de la misère. Dans le second se placent à leur tour: 1° la *crainte* du *châtiment* social ; 2° quelquefois, mais rarement, celle des *peines d'outre-tombe*; 3° rarement un certain sentiment de *pitié.* On voit que les charges respectives se déplacent et que dans un des plateaux il reste peu d'éléments. Cependant ces éléments rares peuvent, dans certaines circonstances, avoir un poids beaucoup plus grand, et l'homme méchant éviter une mauvaise action, ou même en faire une bonne. Mais, dans ce cas encore, ce n'est pas qu'il ait voulu autrement que de coutume, ce sont les motifs, les forces qui ont voulu, qui ont décidé. Sa volonté n'a été que le simple *instrument enregistreur.* Il n'aurait pu la jeter dans le plateau le plus fort, de manière à former un contre-poids; cette volonté n'aurait pas pesé d'un atome, elle est totalement impuissante, pas plus que l'œil qui voit la balance et constate la pesée ne peut en se portant d'un côté le faire pencher de ce côté là. Le *rôle* de la *volonté* est le rôle de l'*œil*, rien de plus. Seulement comme l'œil ne se voit pas lui-même, la volonté ne se voit pas ou se voit mal, c'est le miroir qui se prend pour l'objet même et l'homme borné s'imagine vouloir.

D'ailleurs, la volonté n'est pas une faculté, une partie spécialisée de l'esprit humain. Il y a longtemps que cette idée du fractionnement de l'esprit est rejetée. Celui-ci, s'il n'est pas une simple fonction cérébrale, est un, en tout cas, et le *vouloir* n'est qu'une classe d'opérations mentales, tandis que le *comprendre* en est une autre. Que si la mentalité n'est qu'une abstraction, et s'il n'existe réellement que le cerveau remplissant des fonctions spéciales, le vouloir n'est qu'un groupe de ses fonctions. Mais l'acte physiologique du vouloir n'existe pas même, il n'y a que celui de l'action qui n'est que l'exécuteur de la décision prise par la *majorité dans le conseil des motifs*.

Quelquefois même cette *délibération entre les motifs*, délibération qui n'a pas lieu dans la *volonté*, mais dans l'*intelligence*, n'existe pas, parce qu'il n'y a qu'un seul motif qui domine tellement les autres que ces derniers sont comme non existants. C'est le cas de l'*action réflexe*, du *crime impulsif*. Même en état de normalité, l'esprit sous l'empire d'une passion vive ne voit qu'un seul motif, un seul sur l'un des plateaux de la balance. il pèse tellement que le poids des autres, même dans l'autre plateau, est annihilé. Alors l'acte suit immédiatement, invinciblement, ainsi que le mouvement réflexe suit l'excitation. Mais alors on touche de près à l'état anormal; dans l'état normal, pour presque toutes les actions, même les plus insignifiantes, il y a quelque motif dans chaque plateau, une pesée a lieu, et c'est l'esprit de l'homme, improprement appelé volonté, qui la constate.

Telle est la théorie du *déterminisme pur*. L'expé ience et même l'observation élémentaire semblent le confirmer.

Lorsqu'on se pose la question de faire ou de ne pas faire tel acte, il est certain qu'une délibération commence dans notre esprit comme elle aurait lieu dans un tribunal composé de plusieurs juges où chacun donne son avis et s'efforce de le faire prévaloir. C'est comme si plusieurs personnes, tout à fait distinctes, délibéraient devant nous. Nous les écoutons, mais elles ne plaident pas, elles décident,

ce qui est bien différent. Chacune a la parole à son tour. S'agit-il
d'un acte de violence, la colère prend d'abord la parole, mais ce n'est
pas la colère, car la colère n'est qu'une abstraction, c'est la réaction
causée par quelque offense, réelle ou supposée; puis parle la pitié,
et dans le même sens, la crainte de la punition ou de la représaille,
il y est répondu par l'espoir d'y échapper. Mais il ne s'agit là que de
facteurs proches, il y en a de plus éloignés qui n'opèrent pas moins.
C'est l'habitude d'être violent, tellement invétérée qu'elle est devenue
le fond de notre caractère et que nous ne pouvons pas plus la dé-
pouiller que Nessus sa tunique; c'est ensuite l'instinct de brutalité et
de rage héritée d'ancêtres, plus invétérée encore; c'est notre éducation qui nous a dirigés de ce côté; ce sont les nombreuses injures
reçues qui ont exaspéré notre tempérament; c'est parfois l'instinct de
la race elle-même, plus écarté cependant, qui opère en nous.
Toutes ces causes ne sont pas nous-mêmes, elles agissent sur nous
seulement. Peut-on résister au groupe le plus puissant? Oui, un
moment. Il suffit de ne regarder que quelques-uns de ces facteurs,
de s'efforcer de ne pas voir les autres. Mais ces autres sont des
forces qui nous pénètrent malgré nous, comme la chaleur, dont on
ne peut se garder qu'un peu. Le résultat de cette résistance sera
insignifiant, car on ne résiste à une force qu'avec une autre force, la
volonté n'en est pas une. Nous la voyons bientôt s'effacer et exé-
cuter docilement la décision des facteurs. Voilà un pénitent qui fait
l'aveu de ses fautes avec le sincère désir de ne plus les commettre,
au moins celles du même genre; comparez ses confessions succes-
sives, elles seront presque identiques. A-t-il voulu ce qu'il ne voulait
plus? Nullement. Mais les motifs seront revenus avec la même
force et ont eu les mêmes effets. S'il a été un peu plus hésitant, c'est
qu'il était intervenu un nouveau facteur, la honte de faire les mêmes
aveux et de constater son impuissance. Agir contre les motifs, ou
contre l'*excédent des motifs*, en sens contraire, est même un *acte
anormal*. Si une personne, en dehors de toute impression de déses-
poir, se dit à elle-même, par effort de volonté, qu'elle veut se noyer
sans motif, elle ne le fera jamais, ou si elle le fait, c'est une preuve
incontestable d'aliénation mentale; si elle hésite longtemps, c'est
l'indice d'une maladie spéciale de la volonté, de l'*aboulie*.

Telle est la lutte doctrinale sur le terrain psychologique entre le
libre arbitre et le déterminisme. Il faut noter que ce dernier réclame
contre la confusion qui est faite quelquefois entre lui et le *fatalisme*.
Le fatalisme tient au hasard ou, ce qui revient au même, à la volonté

d'une divinité *extérieure et supérieure à l'homme*. Il transporte le libre arbitre de l'homme à Dieu ou à un principe qui joue le rôle de la divinité. Du reste, il a une double portée, il ne concerne pas seulement le *bien* et le *mal moral*, le *mérite* et le *démérite*, mais auss le *bonheur* et le *malheur*. Le destin produit en première ligne le bonheur et le malheur de l'homme, dans cette destinée l'homme ne peut pas améliorer sa condition par sa volonté, c'est un être supérieur qui en décide exclusivement; il sera heureux s'il est écrit qu'il doive l'être, malheureux dans le cas contraire, il n'y ; eut rien. Il peut être vertueux et être damné, vicieux et même criminel et être sanctifié. Mais le fatalisme après ce point de départ a d'autres points d'application. Le destin rend l'homme malheureux, mais il peut aussi le rendre coupable; il le rend heureux, mais il peut aussi le rendre bon, malgré lui et malgré tous efforts contraires. C'est ce qu'on peut observer dans la mythologie grecque. Œdipe est incestueux, il est le meurtrier de son père, sans le vouloir, sans le savoir même, et il subit ensuite la malédiction attachée à ces actes. Il est donc criminel en dehors de sa volonté, et par celle des dieux. Telle est la *double portée du destin*. Il aboutit aussi, comme le déterminisme, à l'irresponsabilité et à la négation de la liberté, mais il est *antiscientifique*, autant que le déterminisme est *scientifique*. En effet, il est ou il semble fait par une volonté supérieure agissant *capricieusement*, tandis que le déterminisme fait dériver l'acte humain et a volition qui le précède d'un *facteur logique* ou de la *réunion* ou de l'*interférence* de plusieurs, l'effet étant produit entièrement par des causes logiques sans solution de continuité. Il serait donc tout à fait injuste de confondre ces doctrines non seulement différentes, mais opposées.

Cette distinction si nette entre le *fatalisme* et le *déterminisme* ne nous semble pas justifiée à ce point. D'une part, le déterminisme qu'on n'emploie qu'à l'application de la genèse de l'action humaine, bonne ou mauvaise, s'applique aussi à la production du bonheur et du malheur humain, car ce qui semble hasard dans l'une et l'autre fortune est le résultat de facteurs souvent inconnus, mais réels; on semble avoir eu tel revers par pure malchance; en réalité, cet insuccès ne se produit pas, il est vrai, toujours de notre part, mais il n'est pas venu seul, sans être procréé, il est le résultat de facteurs multiples, tant internes qu'externes, il n'est point une méchanceté de la destinée, ni non plus un effet de sa force. Le déterminisme est donc plus étendu dans sa sphère qu'il ne semble l'être. D'autre part le fatalisme n'est point la théorie d'une volonté supérieure à l'homme, mais arbitraire, qui serait, par conséquent, un *élément antiscientifique*, en contradiction formelle avec le déterminisme. Il en serait sans doute ainsi si l'on attribuait les décisions de la destinée au dieu ordinaire et anthropomorphique qui est le dieu supérieur de chaque religion. Mais il n'en est pas ainsi; le *Destin* est généralement en dehors et au-dessus de *Dieu*. Chez les Grecs c'est l'ἀνάγκη, chez les Romains, le *fatum*, qui est au-dessus de Jupiter et même de Saturne, son prédécesseur. Il est essentiellement *impersonnel*, et, par conséquent, dépourvu de toute *évolution capricieuse*. En dernière analyse, quoique les mythologues anciens n'aient pas pénétré jusque-là, ce destin immuable ne devait être que le *pressentiment du déterminisme moderne*, la *sensation logique des causes et des effets;* il enlevait à la volonté de l'homme toute sa force, soit pour le bonheur, soit pour le bien d'une part, soit pour le malheur, soit pour le mal, de l'autre. C'était sa nature essentielle, on n'avait pas scruté encore les règles qui devaient déterminer le destin. Nous croyons donc que le déterminisme n'a pas lieu de répudier le fatalisme, mais doit l'avouer pour son propre *précurseur.*

Il n'est pas sans intérêt de détailler ici le groupe des divers facteurs que le déterminisme psychologique reconnaît dans la genèse de l'action humaine. Lombroso, qui est l'initiateur de cette doctrine, les a énumérés avec soin, nous verrons s'il ne faudrait pas les compléter. Ces facteurs sont *physiques, anthropologiques et sociologiques;* dans tous les cas, ils restent externes à l'homme individuel ; aucun ne naît de lui, sinon par l'hérédité.

Les facteurs *physiques* du crime sont : le climat, la nature du sol, les saisons, la température annuelle, les conditions météorologiques, la production agricole, l'orographie, l'humidité de l'air et du sol, la mortalité. Cet auteur a, par exemple, observé ce que chacun peut constater, que les crimes de violence sont plus fréquents dans les pays chauds et dans les saisons chaudes, que dans les montagnes les rébellions sont plus fréquentes. Nous n'avons pas à entrer dans le détail.

Les facteurs *anthropologiques* sont plus nombreux; ils consistent dans le caractère individuel physiologique et moral du délinquant. Les principaux de ces facteurs sont : la constitution physique, la nature psychique, l'influence considérable de la race et de l'hérédité, l'alimentation, l'alcoolisme, le paupérisme, la religion, l'âge, le sexe, la profession, l'aliénation mentale.

Les facteurs *sociologiques* sont principalement : l'état général de civilisation et de barbarie, la densité de la population, l'immigration et l'émigration, la natalité et la nuptualité, l'instruction, la répartition de la richesse, l'assistance publique ou privée, l'état gamique, le militarisme, le système pénitentiaire, le gouvernement, la guerre.

Nous n'avons pas à étudier ici ces divers facteurs; nous avons dû en donner des exemples pour bien préciser l'*idée*. Sans doute, pour tout le monde ils ont une grande influence sur la criminalité, mais dans le système du déterminisme ils sont devenus les facteurs exclusifs. Ces facteurs de diverses espèces peuvent se *cumuler* et ils ont alors une grande force, mais peuvent s'*opposer* aussi les uns aux autres et se neutraliser en partie. Il y a alors lutte entre eux, lutte entre les motifs, comme il y a lutte entre les êtres eux-mêmes pour la vie. Les plus forts triomphent; mais si les forces sont presque égales, elles luttent longtemps les unes contre les autres. De là l'indécision de ce qu'on appelle la volonté. Quelquefois le combat est tellement violent que l'un ne peut l'emporter définitivement sur l'autre, et qu'il y a inaction définitive.

L'un des motifs anthropologiques a une importance particulière, c'est celui de l'*hérédité*. L'homme acquiert ainsi des vertus et des vices qu'il détruit difficilement, même par une habitude d'actes contraires. L'hérédité qui avait été un *dogme théologique*, et qui après avoir longtemps régné avait été proscrite, renaît comme *dogme anthropologique*, et elle se renforce par l'*atavisme*. Cette théorie est trop connue pour que nous ayons à la décrire ici, nous devons seulement la noter à sa place. Il suffit de se rapporter à la généalogie de la famille Iuke que Lombroso donne dans son ouvrage le *Crime* et qui descend jusqu'à la septième génération. Il serait curieux de rechercher et de produire un certain nombre de ces générations criminelles.

A côté de la doctrine du *libre arbitre* et de celle du *déterminisme absolu* se sont établies des doctrines mixtes qui admettent un déterminisme mitigé. Il en est d'autres qui, tout en conservant le déterminisme intégral, frappées cependant des dangers sociaux qu'il peut causer, ont conseillé d'agir *pratiquement* comme s'il n'existait pas. Nous ne parlerons pas, en ce moment, mais seulement un peu plus loin, d'autres écoles qui, tout en admettant le déterminisme, admettent en même temps la responsabilité du criminel, sinon morale et psychologique, au moins sociologique, en lui donnant un autre fondement.

La première de ces doctrines mixtes consiste à déclarer l'homme normal libre de ses actes, au moins en général. Sans doute il peut être poussé très vivement dans un sens par certains facteurs, mais il a la faculté d'y résister. Ce n'est que lorsque ces facteurs ont acquis une très grande force qu'ils peuvent devenir irrésistibles. Le libre arbitre continuerait donc d'être la *règle*, conformément à la doctrine de l'école classique, mais les *exceptions* seraient plus fréquentes où il se trouverait aboli, plus fréquentes encore celles où il serait considérablement affaibli ; le libre arbitre aurait tous les degrés, depuis sa plénitude jusqu'à son zéro ; il en serait de même du déterminisme.

Ce système ne nous semble être qu'une apparence et ne constitue en dernière analyse qu'un système de libre arbitre déguisé. Nul ne prétend, en effet, que l'homme libre ne subisse pas l'influence des circonstances, de ses passions, des penchants héréditaires, que sa volonté n'en soit devenue bonne ou mauvaise d'habitude et qu'il n'ait beaucoup de difficulté à la plier dans un autre sens, qu'une lutte ne s'engage entre cette volonté et ces facteurs divers et que la victoire ne puisse rester à ces derniers. C'est là lutte entre la volonté et les motifs, mais par là même, il existerait une volonté, un principe actif en dehors de ceux-ci et qui n'en serait pas la pure résultante.

Un autre essai de conciliation est purement empirique, on le trouve dans l'ouvrage de M. Saleilles, sur l'*individualisation de la peine*. On reconnaît que la science ne peut admettre que le déterminisme non mitigé, mais absolu, un demi-déterminisme étant illogique. Mais au point de vue pratique, un tel système entraîne les plus grands dangers, non seulement celui d'enlever toute base à la culpabilité, car la responsabilité suffit et peut-être pourra-t-on lui trouver d'autres fondements, mais celui plus immédiat de contredire au sentiment des foules et de ruiner chez elles tout l'échafaudage de l'idée salutaire de justice. La *conscience populaire* répugne à admettre cette vérité que le coupable ne serait qu'un aliéné ou un malade, aussi innocent de sa criminalité que le malade l'est de sa fièvre, ou le fou de son délire, et que la seule morale consiste dans la défense sociale. Il faut lui faire des concessions, et elles conduisent à agir comme si le libre arbitre existait. On conservera le déterminisme dans les *hauteurs de la théorie*; au-dessous le libre arbitre gardera un *empire fictif*. Le savant et l'homme vulgaire seront à la fois satisfaits. En vertu du déterminisme on supprime toute expiation, la peine ne sera plus qu'une mesure de défense ou d'amendement, mais, en vertu du libre arbitre, on distinguera toujours avec soin le criminel de l'anormal et du malade, on mesurera ses degrés de culpabilité, on prendra une *morale supposée* pour base de la criminologie.

Une telle conciliation ne nous semble pas acceptable, il y a là une supercherie bien intentionnée, un mensonge utile, or, nous pensons que *tout mensonge doit être rejeté*. D'ailleurs, il ne saurait tromper longtemps ; la conscience populaire s'apercevrait vite qu'on lui a donné le change, l'illogicité du système se découvrirait à chaque pas. Du reste, elle amènerait sur les points de détail de mauvaises solutions, des hésitations à tout propos, une indécision qui est une cause de faiblesse, elle empêcherait, d'autre part, toute discussion, tout ébranlement du déterminisme, ébranlement qui peut être utile soit pour l'abattre, soit pour le confirmer définitivement.

Aussi les partisans mêmes de cette solution tout *empirique* en ont-ils essayé une autre, théorique cette fois, et qui consisterait à introduire à côté des motifs déterminants, jouant le rôle de causes mécaniques, génératrices et inéluctables, un *autre élément* de solution, cet élément, tout à fait mystérieux, et dont on n'ose donner une définition trop précise ; la question, dit M. Saleilles, est de savoir si, en dépit des apparences du fait qui sont, il faut le reconnaître, toutes contraires à l'idée de liberté, cette conception sera susceptible d'une certaine certitude *scientifique rationnelle*. Que l'idée ne s'impose pas forcément comme une vérité d'évidence, c'est tout légitime, puisque l'observation scientifique n'arrive pas à découvrir la liberté et à la prendre sur le fait. Mais, au moins, faut-il que la liberté n'échappe pas à toute possibilité de certitude. Aussi on se contente de peu, et l'on demande pour appuyer l'obéissance à l'idée populaire, non pas qu'un certain libre arbitre soit prouvé, quelque restreint qu'il soit, une étincelle de libre arbitre, mais seulement que l'absurdité de la croyance au libre arbitre ne soit pas démontrée. Et que faut-il pour cela ? Se placer au delà des limites du connaissable, et là supposer qu'il existe un être de raison appelé la personnalité et l'unité intégrale de l'être qui constitue un nouveau facteur luttant avec les autres pour produire la volition et les dominant. » Nous citerons encore : « là s'arrête le domaine de l'investigation scientifique, et au delà l'affirmation de la loi de causalité sous sa forme mécanique n'est plus qu'un *a priori* métaphysique qui a exactement la même valeur que le postulat de liberté. Et s'il faut choisir entre ces deux données aprioristiques, ce n'est plus par les méthodes scientifiques, c'est-à-dire par la méthode expérimentale, que la conviction peut se faire, mais par d'autres modes de certitude. C'est qu'en

effet, arrivés au fond même de notre personnalité et à l'unité intégrale de notre être, il faut bien que nous nous demandions si cette
personnalité constitue une cause en elle-même, en dehors du mécanisme physiologique qui lui sert d'instrument, si, par suite, nous
sommes, par l'unité de notre *moi,* un premier moteur d'une nature
autre que celle de la chair, des nerfs et des muscles qui en traduisent
l'impulsion vitale. Et il n'y a pas d'autre question. » Cette solution,
essayée dans un but de moralité évident, a le tort de se placer en
dehors du cercle scientifique et, par conséquent, de rester toujours
invérifiable; elle a aussi celui de s'appuyer sur la solution supposée
d'une autre question, celle du spiritualisme et du matérialisme
cette unité du moi supérieur au moi physique ne pouvant être qu'une
périphrase du mot un peu démodé, paraît-il : l'âme. D'ailleurs est-ce
que la personnalité n'est pas une simple entité, si elle n'est pas une
collection, et peut-elle jouer un rôle différent de celui de ses compo-
santes? Si elle le peut, ne devient-elle pas, dans le sujet qui nous oc-
cupe, une véritable volonté? Un tel chemin nous conduit par une
voie détournée, et indubitablement, au libre arbitre pur, influencé,
mais jamais détruit.

Tels sont les systèmes essayés de conciliation. Nous croyons
qu'ils ne peuvent aboutir, et qu'il faut prendre parti résolument dans
cette querelle entre le libre arbitre et le déterminisme pour l'un ou
pour l'autre.

Un autre système de conciliation a bien été tenté encore, mais il
n'a plus trait à la culpabilité morale, mais à la culpabilité sociale,
qu'on a essayé de rendre distincte de la culpablilité morale, et que
nous rencontrerons tout à l'heure.

Avant de prendre parti sur cette question essentielle du libre
arbitre et du déterminisme psychologique, il faut, pour éclairer la
question de toutes parts, rechercher comment la même question a
aussi été posée et diversement résolue dans l'ordre d'idées religieux, puis nous reviendrons à la question psychologique, enfin
nous descendrons à ce qui doit être l'aboutissement ici, la solution
de la question dans le domaine de la *criminologie sociologique.*

En religion, ou ce qui est plus exact, en criminologie *religieuse,*
la question, avec d'autres terminologies, il est vrai, a été souvent
présentée, difficilement résolue, et a abouti aussi aux trois systèmes
de l'*efficacité* de la volonté, de son *inefficacité,* et enfin à des systèmes de *conciliation* entre les deux.

C'est, en général, le système du libre arbitre et de l'efficacité de la

volonté pour le mérite et le démérite et pour les récompenses et les
peines qui en sont la conséquence, qui a dominé, mais non, il s'en
faut de beaucoup, d'une manière universelle. Si le *déterminisme*
exact n'y était pas connu, parce que c'est un système trop scientifique, il y était représenté par le *fatalisme*. D'autre part, le système de la libre volonté dépassait de beaucoup celui qui est admis
par certains en psychologie; elle avait la force de dompter le destin
lui-même et la nature.

Le système du *libre arbitre*, de la force de la volonté et de son
efficacité première, fut le propre du brahmanisme et surtout du bouddhisme, il a régné aussi dans les religions de la Grèce et de Rome,
mais c'est surtout dans l'Inde qu'il eut son siège. Il règne encore,
mais non sans partage, dans le christianisme. C'est dans l'Inde qu'il
faut d'abord l'étudier, parce qu'il y forme une vaste synthèse. Par
ses actions vertueuses l'homme peut atteindre à la félicité suprême
et à l'absorption en Brahma; l'*absorption simple*, il est vrai, aboutit
au *néant*, au *nirvana*; mais si la vie a été plus vertueuse encore, si
cette vertu a été nettement *altruiste*, l'absorption restera *consciente*,
le néant ne surviendra pas, le sage se verra en Brahma. Mais pour
parvenir à l'une ou l'autre de ces positions enviées, il faut une longue suite d'austérités, de mérites, dépassant la limite des obligations,
la vie du *mouni* s'y consacre, chaque acte vertueux compte, pour
ainsi dire, d'après un tarif, nul n'est perdu. Ce qui est extrêmement
curieux, c'est que les *dieux eux-mêmes* sont tenus de faire des
actions vertueuses sous peine de *déchoir*; ce qui l'est encore davantage, c'est que les hommes vertueux peuvent, à force d'ascétisme,
se mettre au-dessus des dieux, c'est que, même en thèse, les *bouddhas* et les *thirtamkaras* se placent au-dessus des *devas*, désormais
dépassés; le fait méritoire divinise l'homme, si bien que les dévas ont
été jaloux des bouddhas et qu'ils ont cherché à troubler leurs austérités par des tentations. Quelle idée nouvelle pour nous que la
divinité bonne voulant induire l'homme au mal pour l'empêcher de
s'élever au-dessus d'elle! Et cependant l'arbre de vie du Paradis
Terrestre n'en semble-t-il pas un symbole! Quoiqu'il en soit, l'acte
humain, le *karman*, s'il est bon, a cette puissance. Que s'il est mauvais,
son effet n'est pas moindre au moyen de la métensomatose, il fait
descendre l'homme d'échelon en échelon jusqu'aux degrés les plus
inférieurs de l'animalité, pour de là le faire descendre dans l'enfer
brahmanique, et même dans les derniers degrés de cet enfer, tempo-
raire, il est vrai. L'expiation finie, l'être qui a expié, c'est-à-dire,

qui a compensé le mal par les souffrances, remonte purifié, mais il est toujours exposé à redescendre dans une suite sans fin; c'est de cette renaissance éternelle que Bouddha est venu le délivrer. Tel est l'ensemble du système éthique des Indous. Nulle part la divinité ne vient offrir son secours; l'homme est laissé à lui-même; c'est à lui de mériter; pour qu'il le puisse, il faut qu'il soit entièrement libre. Sans doute, l'anormal ne le sera pas, mais il ne pourra démériter non plus ni mériter; sans doute, l'homme, sous l'empire d'une passion violente sera moins maître de lui, mais il sera aussi moins coupable. Le fond sera toujours la liberté; rien du dehors ne la trouble, ne peut au moins la détruire.

Cependant il reste incontestable que l'homme subit des influences venues, les unes du dehors, les autres de lui-même, qui à un moment donné ne sauraient le laisser entièrement libre d'agir, et il y a parmi le système de libre arbitre le plus absolu, une *dose de déterminisme* impossible à éliminer. Cependant, et cela encore est un fait très curieux, les systèmes religieux indous l'*éliminent* d'une manière ingénieuse. C'est au moyen de la théorie du *Karman.* L'*action*, cet être non matériel, mais réel, n'est point un être *stérile*, elle engendre ses conséquences, ses suites funestes ou bonnes, suivant qu'elle est mauvaise ou bonne, ses effets sont inéluctables, ils ne peuvent être *détruits*, mais seulement *neutralisés* par des *actes contraires.* Le *mal* est donc ainsi *la conséquence du mal*, et en cela l'expérience actuelle peut conclure dans le même sens; nous verrons que souvent celui qui a commis un crime, ou une simple faute, en est puni *automatiquement* par une peine *physique*, l'acte prodigue répété ou la paresse engendrant la misère, la débauche ruinant la santé; mais l'acte bon ou mauvais a aussi une autre conséquence, il *engendre la disposition* à un acte de même nature pour l'*avenir;* celui qui s'est livré à la boisson, à la débauche, s'y livrera plus facilement une seconde fois, le même acte commis deux fois crée déjà une habitude, et l'on sait combien l'habitude est entraînante. En outre, c'est la *moralité générale* qui est atteinte même par un *délit spécial*, et des actes mauvais dans tous les genres sont engendrés par ceux déjà commis. Il y a donc une *généalogie entre les actes.* Cela corrige précisément le défaut qu'on reproche communément au système du libre arbitre. Son défaut essentiel, c'est de supposer partout une *liberté d'indifférence* qui, en réalité, n'existe pas. Un homme n'a accompli que de bonnes actions. Devant un crime qui se présente à commettre, à moins de circonstances particulières, il le repousserateut de suite ; quand même il le voudrait, il ne pourrait pas le perpétrer ; donc il n'y a pas de libre arbitre. Le système indou répond victorieusement, semble-t-il, à cette objection par la *génération des actions* les unes des autres. L'une amène à une autre de même sens ; deux plus vivement encore à une troisième identique ; il y a dans la génération des actions entre elles un *nouveau facteur* donc il faut tenir compte, facteur tout à fait *interne* cette fois, qui finit par constituer l'individualité elle-même, et à un certain point, il est possible que l'acte à commettre s'en trouve *déterminé* et inéluctable. Cependant l'homme pourra réagir contre ces actes concordants, contre cette habitude, mais d'une manière *indirecte*, par des actes de sens contraire, par une *habitude inverse*, de même que dans la métensomatose il peut se relever d'existences inférieures et remonter à celles supérieures de degré en degré. L'homme agit sur lui-même pour déterminer ses volitions, mais indirectement, et le moyen consiste souvent, non dans la liberté de l'action présente, mais dans l'*influence préparée des actes* passés.

De ce principe du *Karman* qui vient tempérer et rectifier le libre arbitre au point de vue religieux et lui permettre un libre jeu, découlent des conséquences importantes au point de vue des sanctions. Dans la religion chrétienne, en vertu d'idées que nous exposerons bientôt, le *repentir seul* parvient à laver les fautes, et il suffit que l'acte bon qui résulte de ce repentir apparaisse à la fin, c'est le *dernier moment qui fixe tout*. Au contraire, dans le système du *Karman*, il faut que ce repentir ne reste pas intellectuel, il doit *s'incarner dans un acte* de pénitence, et être capable non seulement par son existence, mais par sa force, de *contre-balancer* tous les actes antérieurs contraires. De même, tandis que dans le système chrétien toute une série de bonnes actions est détruite par un péché mortel subséquent, dans les religions indoues, le *crime n'efface point la vertu antérieure*. Un *compte* du bien et du mal reste ouvert pendant le temps de la vie ; tout s'y inscrit au doit ou à l'avoir, et la vie terminée, on additionne de part et d'autre et on établit la balance. Lequel de ces deux procédés est préférable ? Nous n'avons pas à l'examiner ici. Mais leur contraste est frappant.

Tel est dans son ensemble le système de la liberté dans le brahmanisme, l'indouisme et surtout le bouddhisme. C'est dans ce dernier qu'il s'exalte davantage et que l'homme par la seule force de sa volonté peut non seulement accomplir le bien, mais *changer sa nature, se diviniser*. Une autre secte des religions indoues avait poussé aussi loin cette idée; c'est le djaïnisme; le thirtamkara, de même que le bouddha, peut devenir de beaucoup supérieur aux dieux, il peut les détrôner, et le dieu vaincu commence à son tour la série des existences. Tous les systèmes de métempsychose, et on sait qu'ils sont en vigueur dans un grand nombre de religions, supposent la liberté dans la volition, car autrement il ne saurait y avoir mérite ni démérite et par conséquent pas de déchéance.

A l'opposite se trouve le système du déterminisme ou plutôt du *fatalisme religieux*. Nous avons dit que, contre l'opinion scientifique reçue, le fatalisme n'est point le contraire du déterminisme, que c'est la même doctrine, mais embryonnaire. Dans les religions de la Grèce et de Rome, il n'y a qu'un fatalisme partiel résultant de l'existence d'un *suprà-dieu*, le destin. Dans d'autres, au contraire, il est total; ce qui se comprend, c'est qu'il contient *deux branches distinctes*, celle qui concerne le *bonheur* et le *malheur*, et celle qui concerne la *bonne* et la *mauvaise action*. Mais, tandis que le système indou *relie* ensemble la bonne action et le bonheur, la mauvaise action et le malheur, de manière à ce que, ce qui est très moral, les *bonnes actions* finissent toujours par être *génératrices du bonheur*, et les mauvaises génératrices du malheur, comme dans les comédies, cette solidarisation est, comme dans les tragédies, supprimée dans les religions fatalistes, *les bonnes actions pouvant conduire au malheur*, et les *mauvaises au bonheur*. C'est en réalité, retirer toute efficacité à l'action. Ce qui est curieux aussi, c'est que les religions fatalistes ne nient nullement le *libre arbitre psychologique* et que le déterminisme qu'elles instituent n'est qu'une *explication du discord entre le bien et le bonheur*, entre le *mal et le malheur*. On peut mériter la punition et être récompensé; on peut mériter la récompense et être puni. Les termes mêmes de récompense et de punition sont inexacts et ne répondent à rien de réel. C'est la *volonté divine* qui d'elle-même répartit le bonheur et le malheur posthumes ou viagers. Cependant, comme un tel résultat est *amoral* et même pratiquement *immoral*, on admet, et ici on reste dans le déterminisme proprement dit, que la *volonté de Dieu* influe sur la volonté de *l'homme* et la *détermine*, qu'à celui qu'il veut sauver il fera faire de bonnes actions, qu'à celui qu'il veut perdre il en fera commettre de mauvaises, qu'ainsi le désaccord impie n'existera plus. Il reste à savoir pourquoi il fera commettre ou laissera commettre les mauvaises actions plutôt à l'un qu'à l'autre; ici on entre dans le mystère, et l'on s'arrête, mais, ce qui nous intéresse ici, la volonté de l'homme aura été déterminée par un agent extérieur, son libre arbitre n'existera plus, non seulement quant à la production de ses effets, mais dans son existence. Peut-être même, si l'on voulait percer le mystère de la volonté divine, apercevrait-on qu'elle résulte elle-même des facteurs naturels, anthropologiques et sociologiques dont elle n'aurait été que la synthèse et l'exaltation.

L'islamisme a fait une application nouvelle du fatalisme religieux, distinct, comme nous venons de le voir, au moins dans son principe, du fatalisme psychologique. Allah n'appelle à lui que ceux qu'il a choisis; les autres, quelques bonnes actions qu'ils aient pu faire, seront rejetés sans merci. Ce qu'il faut faire cependant pour être sauvé, c'est d'avoir la foi, mais celle-ci ne s'acquiert pas par la volonté, c'est Allah qui la donne.

Le judaïsme, au contraire, semble proclamer le principe très net du libre arbitre, quoique n'ayant pas des conséquences aussi complètes que chez les Indous. Ce qui le prouve, c'est dans l'Ancien Testament cette intervention continuelle de Jéhova punissant après chaque faute et surtout chaque idolâtrie, récompensant par la victoire après chaque acte religieux. Cela suppose que l'acte émane bien de l'homme conscient et libre et n'a pas été déterminé; autrement, cette punition, cette récompense exacte ne se comprendraient plus.

C'est dans le christianisme que se livrera du commencement à nos jours une lutte entre les partisans du *fatalisme religieux* et ceux non pas du *libre arbitre intégral*, mais de la *combinaison* du libre arbitre et du fatalisme. C'est la première seulement de ces doctrines que nous examinerons en ce moment. Ce n'a pas été celle définitive du christianisme, mais elle y a apparu souvent, a remporté parfois la victoire, elle a donné lieu doctrinalement à la plus grande des différences qui existent entre le protestantisme et le catholicisme.

C'est en s'appuyant sur les paroles du Christ lui-même lorsqu'il parle des réprouvés et des élus, du choix fait de toute éternité, de la force de la grâce divine, de l'insuffisance des mérites de l'homme, qu'on a posé les premières bases de cette doctrine qui consiste à prétendre non que l'homme n'est pas libre quand il commet une action mauvaise ou bonne, mais que cette action n'a pas d'efficacité pour sauver ou pour perdre. Saint Paul, dans des textes nombreux, a semblé développer ce système. Mais, quoique l'interprétation de ces textes soit douteuse, si l'on franchit l'époque obscure des origines, on trouve la prédestination dans l'hérésie des

Manichéens, et surtout dans la doctrine orthodoxe de Saint Augustin, cette fois sans ambages et d'une manière, non seulement formelle, mais outrée. Le point de départ fut précisément ce que les partisans du déterminisme contemporain considèrent comme un des facteurs anthropologiques les plus influents, l'*hérédité*. Si Adam n'avait pas péché, peut-être n'y aurait-il pas eu lieu au fatalisme, car il a péché très librement, disait-on, mais à partir de ce moment une *déchéance* s'est opérée et il l'a *transmise héréditairement*. Toutes ses pensées, les pensées de tous les hommes, ont été tournées désormais vers le mal, et cela, d'une manière irrésistible. Il n'y a plus de choix à faire, l'homme ne peut plus que commettre des actions mauvaises, elles le sont toujours soit dans l'effet, soit dans l'intention; il n'y a même plus, comme dans le déterminisme actuel, des actions tantôt bonnes, tantôt mauvaises suivant les divers facteurs opérants; l'homme *veut*, mais *ne veut que le mal;* il est vrai que ce n'est plus vouloir. Dieu donc peut le punir sans injustice, car l'homme a péché dans Adam, et il continue de le faire lui-même. On pourrait objecter que, puisqu'il ne peut plus ne pas pécher, il n'est pas coupable. Ainsi s'exercerait la *justice* de Dieu, voici comment s'exerce sa *clémence*. De ces hommes qu'il pourrait tous damner il daigne sauver quelques-uns, non à cause de leurs mérites, puisqu'ils ne peuvent plus mériter, mais par l'effet de sa grâce à lui; dans ce sens, il y a *fatalité* et *prédestination*, mais cet effet ne s'opère que par un don de sa part et dans le sens du bonheur; aussi est-il *juste et clément* à la fois. Nous ne discuterons pas cette doctrine, nous la constatons. L'*instrument* employé par cette *grâce* est la *foi;* il suffit d'avoir la foi pour être sauvé, mais on ne peut l'obtenir de soi-même, elle-même est un *don préalable de Dieu*. Il faut noter que telle fut précisément l'idée musulmane. La foi seule sauvait aussi *sans* les œuvres, *contre* les œuvres, et elle était *donnée* par Dieu, mais les croyants devaient à leur tour chercher à l'inculquer par les armes aux infidèles. Cette doctrine a, au point de vue éthique, des conséquences immorales évidentes. Celui qui a la grâce de Dieu peut pécher impunément et les bonnes œuvres sont inutiles aux autres. C'est ce que faisaient remarquer les moines du couvent d'Adrumète en Afrique à Saint Augustin et ils déclarèrent qu'ils ne se soumettraient plus à leurs règles, puisque la foi suffisait pour les sauver. Aussi Saint Augustin recommande-t-il de pas trop divulguer sa doctrine. Mais elle suscita une vive opposition, surtout de la part de Pélage, de là la controverse pélagienne et plus tard la doctrine semipélagienne. Pélage soutenait le libre arbitre et l'efficacité des actions pour la damnation ou le salut, la raison du choix de Dieu; Augustin, qui ne connaissait que le *fatalisme amorphe* et non ce *fatalisme organique* qu'est le *déterminisme*, répondit que c'était un mystère, mais il accusa dans cette polémique plus nettement encore son système; l'homme, disait-il, s'il est prédestiné, peut pécher impunément; seulement au point de vue pratique, la grâce accordée est telle qu'on ne peut y résister, qu'on ne peut plus pécher et qu'elle emporte même la persévérance dans le bien jusqu'au dernier jour. Les élus d'ailleurs sont en petit nombre. Mais Pélage fut condamné, Augustin l'emporta définitivement, et le fatalisme devint un dogme chrétien, le *fatalisme intégral*. Car le semi-pélagianisme proposé par Jean Cassien admettait bien le fatalisme, résultant de la toute puissance de la grâce, mais partiel, il laissait une place au mérite et à l'efficacité des actions humaines. C'est la doctrine du *synergisme*, une des tentatives de conciliation entre les deux autres diamétralement opposées entre elles. Dieu aidait puissamment par sa grâce, il provoquait les bonnes actions; de même l'homme aidait par ses vertus, il attirait la grâce de Dieu; les œuvres ne pouvaient rien, sans doute, sans la foi, c'est-à-dire, sans la grâce, mais celle-ci, lorsqu'on y résistait, ne pouvait rien sans les œuvres. Dieu ne pouvait plus être taxé d'injustice ni de choix capricieux. Il accordait sa grâce, comme l'État de nos jours accorde une *subvention* aux particuliers ou aux communes qui s'imposent des sacrifices. Cette doctrine mixte fut elle-même rejetée, et le semi-pélagianisme condamné comme hérésie; le triomphe de l'augustinisme fut complet et *la fatalité devint un dogme chrétien*.

Cependant ce dogme ne fut pas stable, et malgré les condamnations prononcées, le chistianisme resta au fond semi-pélagien; le point de vue pratique l'emportait; la prédestiné n'aurait eu aucun besoin de s'occuper de son salut et cela minait d'un coup le culte et la morale religieuse. Mais l'augustinisme resta cependant le dogme officiel. Suivant Pierre Lombard et Saint Bernard c'est la grâce seule qui nous inspire de bonnes pensées. Saint Thomas d'Aquin professe que la nature viciée par le péché originel est incapable d'aucun bien, et l'un de ses diciples, Bradwardine, chapelain d'Édouard III d'Angleterre, affirme que le péché était voulu par Dieu. Cependant sur le terrain doctrinal les résistances continuèrent; elles vinrent notamment d'Abélard, qui professait que le péché d'Adam n'avait pu se transmettre et entrainer de tels effets, et des franciscains Alexandre de Halès et Duns Scot, lesquels professèrent que la prédestination ne pouvait être que conditionnelle et décidée en raison de la prévision que l'homme ferait le bien ou le mal.

On voit enfin toutes ces controverses disparaître et définitivement une sorte de semi-pélagianisme reprendre le dessus; un fait pratique vint en aide à ce revirement latent. Ce fut la question de la pénitence et des indulgences. La peine du péché actuel dégénéré, par l'absolution du prêtre, de péché mortel en péché véniel, pouvait être remise, mais moyennant une satisfaction méritoire. Cette satisfaction consistait dans l'application des mérites *surérogatoires* du Christ et des saints; or, comment cette application eut-elle été possible, si ces actes n'avaient pas été méritoires en eux-mêmes, c'est-à-dire à la fois libres et efficaces, et dans ce but non inspirés invinciblement par Dieu? L'acte humain reprit donc une partie de la force dont on l'avait dépouillé, d'autant plus que la grâce conservait sa part d'influence, et que c'était le synergisme des deux qui l'emportait.

Mais lorsqu'au premier moment de la réforme Luther prit pour point de départ et d'attaque la vente des indulgences, il dut se préoccuper de la question du libre arbitre et de l'efficacité des œuvres qui était à leur base, et le moine augustinien se trouva par là même amené à revenir à la doctrine augustinienne du fatalisme. Les œuvres étant redevenues sans mérite, il n'y avait plus d'indulgences possible. Ce fut de nouveau la foi seule qui sauva sans elles et malgré elles. La conséquence extrême que le prédestiné peut pécher impunément fut encore admise. Il est vrai, Luther aurait pu continuer le semi-pélagianisme courant, se bornant à admettre la synergie de la foi et des œuvres, et seulement, faire consister celles-ci, non dans des œuvres matérielles, mécaniques, mais dans des actes de vrai repentir; alors, il est vrai, pour le croyant le pardon et le salut auraient toujours été incertains, on ne pouvait utilement remplacer une certitude que par une autre certitude et cette dernière consistait dans la foi même donnée gratuitement par Dieu. La conviction que cette foi obtenue suffisait avait excité l'enthousiasme des premiers chrétiens, lorsqu'ils recherchaient le martyre, celle des musulmans lorsqu'ils partaient pour la guerre sainte; elle allait donner aussi aux réformés le courage d'affronter la mort. Tels furent les motifs proches ou éloignés de ce premier des dogmes protestants originaires, et c'est ainsi que la réforme, au lieu de se borner à la critique de certaines œuvres, répudia les *œuvres* en général, pour s'en tenir à la *foi*, et pour celle-ci, à la *grâce* seule, et reprit purement et simplement la doctrine augustinienne tombée en désuétude, sans y apporter même aucun changement. On se serait attendu à une tout autre doctrine de ceux qui voulaient revenir aux principes tout de morale de l'Évangile, et qui semblaient devoir être doués d'un esprit très libéral. Sans doute, étaient-ils ainsi les *précurseurs inconscients* de la doctrine philosophique du déterminisme qui devait apparaître plus tard. Cette confession affermit la théorie du péché originel qui lui servait de fondement. Une autre conséquence fut le dogme de la *prédestination*; le choix de Dieu était tellement libre qu'il avait pu s'appliquer même à des païens suivant Zwingli; Luther, Calvin, Mélanchthon étaient d'accord sur ce dogme; Calvin seul eut quelques hésitations et qualifiait ce choix divin de *decretum horribile*. Cette doctrine peut se résumer dans les paroles suivantes adressées par Luther à Mélanchthon : sois pécheur et pèche fortement, mais aie encore plus ferme confiance et réjouis-toi en Christ. Il faut pécher pendant que nous sommes ici-bas. Cette doctrine fut combattue vigoureusement par Erasme et aussi par certaines sectes protestantes, celle des frères de Bohême et des Vaudois, et surtout par celle des Arminiens.

C'est la doctrine *arminienne* du *synergisme* qui finit par triompher après de nombreuses persécutions dirigées contre elle, et de Hollande elle passa en Angleterre où elle devint article de foi, il est vrai, sous le nom de prédestination conditionnelle; il y eut une vive résistance de la part des calvinistes, mais à partir du xviii⁰ siècle le dogme de la prédestination disparut et le dogme du synergisme antiprédestinataire règne de nos jours dans le protestantisme.

Ce ne fut pas la dernière apparition du fatalisme dans le christianisme. Après la scission entre les églises protestantes et l'Église catholique, celle-ci chercha à revenir à plus de rigueur dans la doctrine et dans les mœurs. De cet effort naquit au xvii⁰ siècle le jansénisme. Au point de vue doctrinal, il consiste tout entier dans la résurrection du fatalisme augustinien. Nous n'avons pas à en retracer, même sommairement, l'histoire, mais seulement à indiquer ici une nouvelle étape de cette doctrine. Suivant elle le Christ n'était pas mort pour tous les hommes, mais seulement pour ceux qu'il avait choisis, les œuvres étaient impuissantes, la foi seule pouvait donner le salut, mais les élus étaient en petit nombre.

A côté des deux doctrines religieuses, l'une ne considérant que les œuvres, et même en exagérant la puissance, comme dans les religions de l'Inde, l'autre ne comptant que la grâce et la prédestination, il s'en trouvait une autre *éclectique* et aussi très répandue qui admettait à la fois une part de fatalisme et une de liberté. La grâce ne peut pas tout, ni les œuvres non plus; il faut que les *deux éléments collaborent*; la mauvaise volonté empêche l'effet ou l'action de la grâce, on ne saurait *pécher impunément;* d'autre part, la bonne volonté ne suffit pas si Dieu ne vient pas à son aide. C'est la doctrine du *synergisme* que nous venons d'indiquer. Elle a dominé dans le christianisme, ou plutôt celui-ci a constamment oscillé entre le fatalisme et le synergisme. Cependant dans l'état contemporain, c'est le synergisme qui l'emporte à la fois dans les deux branches : le catholicisme et le protestant'sme.

Comme tous les systèmes modérés ou mélangés, il est moins âpre, plus humain, plus équitable, mais comme eux aussi, il est moins logique. Que Dieu ait fourni une grâce préalable et générale, sans laquelle les œuvres n'auraient pu être efficaces, par exemple, dans la doctrine du christianisme, que le sacrifice du Christ ait été nécessaire pour que les œuvres puissent produire ensuite individuellement le salut, cela se conçoit parfaitement. Mais prétendre que Dieu doit fournir sa grâce actuelle et individuelle pour que l'action bonne ait son mérite et même puisse se réaliser, cela ne se comprend plus, ou il faut retirer à l'action elle-même son efficacité et tout ramener à la grâce. Conçoit-on un Dieu se refusant à la vertu de l'homme et damnant un saint? L'idée que l'œuvre possède une puissance complète, qu'elle peut dominer l'homme et le placer au-dessus de Dieu lui-même, est plus facilement acceptable et aussi celle diamétralement contraire, à savoir que l'homme ne peut rien, pas même vouloir, qu'il est borné, déterminé de tous côtés. Mais le mystère de la prédestination et celui de la liberté humaine qui restent des mystères tant qu'ils sont séparés, risquent fort de devenir une absurdité si on les réunit.

Tel est le *bilan des religions*, indiquons-en quelques mots celui de la *philosophie*. Les philosophes, soit anciens, soit modernes, soit contemporains, non seulement ceux d'esprit positiviste, mais les plus nombreux jusqu'à notre époque, les métaphysiciens, sont, en grande majorité, des déterministes soit exprès, soit virtuels, volontaires ou involontaires. Cependant il est des exceptions que nous signalerons. Nous finirons par elles.

A l'origine on peut affirmer que conformément aux enseignements des religions antiques tous les philosophes étaient des déterministes ; d'ailleurs, c'est la *morale* qui fait surtout échec à cette doctrine et ils ne s'occupaient pas de morale; on peut citer sur la foi de Cicéron,

Démocrite, Héraclite, Empédocle, Thalès, Pythagore, Parménide et
les autres Ioniens, les Eléens, Xénophane et Zénon. Le premier,
Socrate, fondant tout sur la morale, se trouva embarrassé, car il y a
une contradiction évidente, il fait dériver l'action de la pensée, d'un
plan volontaire, d'une cause finale, ce qui semble impliquer la liberté,
il *explique le monde par la pensée* et non par un *mécanisme de causes*,
mais bientôt il est ramené au déterminisme en créant un déterminisme
spécial : le *déterminisme intellectuel*, ce qui permet précisément de
faire cadrer avec la morale. L'homme, suivant lui, recherche forcément l'utile à obtenir par les moyens les plus utiles aussi, il ne se
déterminera jamais pour ce qu'il estime moins bon ; bien plus, si
l'utilité générale diffère de son utilité particulière, c'est la première
qu'il préférera toujours. Lorsqu'il fait le mal, ce ne peut être que par
ignorance, d'où la maxime célèbre : κακὸς ἑκὼν οὐδείς. Celui qui fait le
pire connaissant le meilleur est un fou, un anormal. *La vertu n'est
au fond que la science,* puisque *la science la détermine nécessairement.* Socrate *transportait ainsi la délibération de la volonté dans
l'intelligence,* la volonté était déterminée. Mais l'intelligence l'est-
elle à son tour ou recherche-t-elle librement la vérité, c'est-à-dire, la
connaissance du bien ? Oui subjectivement, ce qu'on estimait bien, on
le choisissait nécessairement, seulement on pouvait se tromper, le
mal n'était qu'une ignorance. La doctrine socratique contient une
erreur évidente quand elle prétend qu'on préfère le *bien général* au
*mal particulier,* elle en commet une autre quand elle affirme qu'on
préfère toujours l'utile, car on le sacrifie souvent à l'agréable, sans
cela il n'y aurait pas d'alcooliques. Le désir de concilier la morale avec
le déterminisme l'entrainait à ces paradoxes. Platon reproduit la même
doctrine, cependant avec un tempérament ; lorsque l'homme ne peut
savoir suffisamment où est le bien et où est le mal, il peut choisir, ou
plutôt il est réduit à le faire, car c'est un état d'imperfection ; il désigne
cet embryon de libre arbitre par les mots : τὸ ἐφ' ἡμῖν. Aux deux extré-
mités séparées par cet état moyen le déterminisme règne en maître ;
les bons ne peuvent choisir que le bien, ils ne sont donc pas libres,
les mauvais ne peuvent choisir que le mal, liés qu'ils sont irrésistiblement par leurs vices, ils ne sont pas libres non plus. Telle est
aussi en substance la doctrine d'Aristote, il admet cependant une
contingence née quelquefois du conflit entre l'intelligence et l'appétit.
Tandis qu'Épicure admet le libre arbitre complet, et nous exposerons
plus loin son système, le stoïcisme formule, au contraire, un déterminisme absolu, il l'applique à la prévoyance de l'avenir, lequel, étant

certain et déterminé, peut être connu. Cependant les derniers stoï-
ciens, entre autres Chrysippe, cherchent une conciliation entre ce
principe absolu et la morale, mais sans pouvoir y parvenir logiquement. Presque tous les philosophes, autres que ces chefs d'école, se
préoccupent de cette question et y consacrent des monographies,
entre autres, Cicéron qui distingue entre le nécessaire, le contingent
et le possible ; l'admission du contingent fait brèche au déterminisme, cependant ce dernier triomphe encore, les actes ont pour
cause notre nature. Platon, Hiéroclès, les Néo-Platoniciens essaient
des conciliations à leur tour, mais sans admettre le principe du libre-
arbitre. Tel est l'ensemble doctrinal de la philosophie antique.

Seuls, les Epicuriens admettent le libre-arbitre, non particulière-
ment, mais comme conséquence de leur système général qui nie
partout l'absolu et ne reconnait que la contingence, c'est-à-dire le
hasard ; la volonté humaine est contingence comme le reste. Elle a
le sort de l'atome, celui-ci est indéterminé, il se fixe au hasard ; il
en est de même de la volonté.

La philosophie moderne, presque entièrement métaphysique, a
agité cette éternelle question, elle cherche à la résoudre logiquement, ce qui la conduit forcément au déterminisme, malgré les efforts
que font quelques-uns pour en sortir. C'est ainsi que Descartes avec
sa hardiesse relative, mais ses idées arrêtées en morale, affirme le
libre arbitre en principe, mais aboutit à l'intellectualisme de Socrate :
il suffit, dit-il, de bien juger pour bien faire. Seulement on peut ne
pas connaître le bien, et alors une sorte de libre arbitre se trouve
transporté de la volonté dans l'intelligence, mais dès qu'on peut le
démêler, on le veut nécessairement. A ce déterminisme pratique il
joint, dans l'empire des idées religieuses, le déterminisme chrétien
ou providentiel résultant de la volonté de Dieu supérieure à celle de
l'homme. Malebranche présente le même dualisme, il voudrait être
non-déterministe et il finit malgré lui par être déterministe. Suivant
lui l'âme n'est point indépendante, cette indépendance est même une
idée païenne qui ferait échec à l'indépendance de Dieu. D'ailleurs,
le temps n'est pas continu, sa prétendue continuité n'est que l'effet
d'une opération analytique de l'esprit, il est brisé, en réalité, il
n'y a pas entre ses tronçons de communication directe, celle-ci
ne peut s'établir que par un circuit lequel aboutit à Dieu ; tout se relie
donc en Dieu et par Dieu, ce qui fait qu'il n'y a pas de contingence
mais un absolu universel, or, l'absolu sans interstices ne laisse pas de
place au libre arbitre ; cependant Malebranche conclut à la liberté,

comme postulat de la morale, sans se charger de concilier davantage ces principes contradictoires. Spinoza est moins hésitant. Il rejette seulement l'idée de contingence comme contraire à la raison ; *a priori* le déterminisme est donc certain ; la substance est une dans le monde, le mal n'est pas une réalité ; il n'y a nulle part de place pour les volontés. Leibnitz commence par rejeter la liberté d'indifférence, mais il n'admet pas non plus la liberté autre, et il se fonde surtout sur ce qu'aucune cause nouvelle ne peut survenir dans le monde ni aucune force nouvelle, pas plus qu'aucune matière ne se crée ni ne se détruit, à moins que la destruction ou la création ne soient l'œuvre de Dieu. L'âme ne saurait donc produire une force de décision, car ce serait une création de celle-ci n'appartenant qu'à Dieu seul. La création résultant d'un état nouveau de l'esprit contraire aux causes naturelles qui agissent serait un miracle inintelligible. La nature individuelle de chaque personne, son caractère, renferme une fois pour toutes ce qui lui arrivera à jamais. Lorsqu'il s'agit d'une action à faire ou à ne pas faire, ce qui décide, c'est la raison la plus forte, tel est le principe de la raison suffisante. Kant, tiraillé entre les deux solutions, ne peut les concilier, il les admet en même temps, malgré la contradiction qui en résulte ; la morale et la science sont décidément ennemies, qui pourra jamais les réconcilier ? La liberté qu'il admet est purement platonique, théorique, elle est dans l'irréel. Il est déterministe en raison du principe de causalité. Rien n'est sans cause dans l'univers ; or la volonté choisissant librement entre les actions serait sans cause. L'école anglaise est pleinement déterministe, on peut citer Bacon, Hobbes, Locke, Hume. Il en est de même en France, au xviii° siècle ; Helvétius, Condillac, Diderot dont le roman Jacques le Fataliste fut si célèbre, sont de décidés déterministes.

La prescience de Dieu apporte aux philosophes théistes un nouvel élément d'argumentation. En effet, si Dieu prévoit l'avenir, il ne peut le faire que par sa science, lorsque les faits futurs dérivent nécessairement de causes antérieures, alors il voit dans le germe tout développement ultérieur ; mais comment le peut-il si la volonté est libre, capricieuse? On ne saurait prévoir le hasard ; Dieu lui-même ne le pourrait avec sa toute-puissance, car l'impossible en logique reste absolument impossible.

En sens contraire, il existe au xviii° siècle deux partisans du libre-arbitre : Voltaire et J.-J. Rousseau ; n'est-ce pas d'ailleurs sur la puissance et la pleine autonomie de la volonté qu'est fondé son Contrat Social?

Enfin la philosophie contemporaine est presque entièrement déterministe, ce sont les juristes qui, sur le terrain social où nous nous placerons tout à l'heure ont invoqué le principe moral du libre arbitre, mais les philosophes, la plupart positivistes, sont en sens contraire. Ils se fondent surtout sur le principe de causalité et sur la négation de la contingence, qu'ils appliquent aux faits qui semblaient devoir y échapper, aux faits historiques : aucun effet sans cause, et cette cause est à son tour effet et procède aussi d'une cause, à l'infini ; d'ailleurs, aucune cause nouvelle, puisque ce serait une force nouvelle, si elle était indépendante et sans genèse, ne peut surgir, elle dérangerait l'ordre du monde, serait négative de la science et ouvrirait la porte à tous les hasards ; il n'y a pas de contingence, les événements les plus insignifiants sont le développement logique de l'absolu. Dans ce cas, le déterminisme ne peut admettre aucun tempérament. Le monde est une machine très compliquée, mais sans dérangement aucun, où toutes les pièces se meuvent éternellement, il diffère des machines créées en ce qu'il n'y a pas de frottements, ou du moins les frottements sont logiques et peuvent être prévus comme le reste. Ce ne sont partout que roues et pignons s'emboîtant les uns dans les autres et tournant régulièrement tant que le premier moteur agit. Si quelqu'un s'avise d'introduire une roue ou seulement une dent nouvelle, toute l'horlogerie du monde va s'arrêter ; aussi n'est-ce pas possible. Que si, au lieu d'introduire une seule roue, on y jetait toutes les roues résultant de volontés nouvelles autonomes, cela condamnerait le tout à l'immobilité ou à d'inquiétantes déviations. Il ne s'agit plus alors, pour justifier le déterminisme, de se demander si dans une délibération la volonté est bien libre, si, lorsqu'elle croit l'être, ce n'est pas simplement le motif le plus fort qui a fait par sa seule action pencher la balance, si la volonté n'ajoute pas son poids propre dans l'un des plateaux, point à la rigueur discutable ; il s'agit d'une impossibilité logique et certaine, quand on se transporte sur le champ de l'absolu où tout le contingent s'efface tout à coup comme une illusion d'optique. Si le libre arbitre existe, une brèche est faite à la logique, il n'y a plus de science possible ; telle est la conclusion nette de la science contemporaine.

De leur côté, les criminalistes positivistes de l'école italienne, Lombroso, Ferri surtout, et leurs nombreux adeptes, se sont rangés du côté du déterminisme absolu. Ferri a dans sa sociologie criminelle étudié profondément cette question et a cependant démontré que le débat devait se cantonner à la responsabilité morale, sans que sa

solution, même contraire, put atteindre la question du déterminisme
social.

Si nous résumons cette rapide enquête sur la querelle du déterminisme et du non-déterminisme dans les diverses religions et chez les
principaux philosophes, nous voyons que le libre arbitre est en001-
gné par un petit nombre de ces derniers, tandis qu'en religion le
domaine est très partagé. Les partisans du libre arbitre se divisent
en deux classes, ceux qui admettent même la liberté d'indifférence,
ceux qui rejettent ce point extrême de la doctrine qui a donné sur
eux au déterministe une prise très facile. Le point culminant de
cette doctrine se rencontre dans le brahmanisme et le bouddhisme
où le sage par la force de sa volonté et de sa vertu peut s'élever au-
dessus de Dieu malgré la résistance divine.

Le déterminisme est de plusieurs espèces très différentes, il faut
distinguer : *l'intellectuel*, la *mécanique*, le *fatidique*, le *scientifique*.

Le *déterminisme intellectuel* est d'une grande faiblesse et on ne
comprend guère qu'il ait pu dominer chez des esprits comme Socrate,
Platon, Aristote. Il transporte le débat du choix entre les actions de
la volonté proprement dite à l'intelligence; ce que l'intelligence
décide, la volonté l'exécute inconsciemment et malgré elle ; il y a
donc déterminisme dans le passage de l'intelligence à la volonté,
mais en est-il ainsi dans l'intelligence elle-même? Oui, le meilleur,
le plus utile au point de vue de l'utilité générale, s'impose même
à celle-ci ; ce n'est qu'en cas d'obscurité que l'intelligence choisit.
Nous avons indiqué les objections qui ruinent cette théorie, mais elle
a eu le mérite de conduire au déterminisme mécanique.

Le *déterminisme mécanique* se fonde sur le jeu de la volition.
La résolution définitive et passant à l'exécution est le résultat non
d'une volonté abstraite (ce qui le prouve, c'est que la liberté d'indifférence n'est plus soutenue par personne) mais du pesage entre les
motifs qui apportent chacun dans la balance leur poids intrinsèque;
c'est le poids le plus fort qui l'emporte objectivement, le subjectif
n'est que le spectateur et peut-être le compteur, mais il n'influe pas
plus que celui qui préside à un pesage n'influe sur les poids respec-
tifs. On peut cependant objecter que pour les poids jetés dans la
balance de la volition, la volonté, force autonome de l'homme, pourrait mettre aussi son poids, tantôt plus fort, tantôt plus faible que
les autres, tantôt fournissant un appoint; si cette volonté est un des
éléments dans le pesage, il y a déterminisme toujours, mais dans
lequel la volonté de l'homme entrerait comme facteur.

Le *déterminisme fatidique* est surtout celui des religions. Il s'est renforcé dans le christianisme d'un élément nouveau, la croyance à la chute originelle ; c'est une modification dont il sera question tout à l'heure. Il n'y a là qu'un déterminisme improprement dit. En réalité, s'il y a opposition de la volonté humaine à la volonté divine et si dans le conflit la première est écrasée, c'est la volonté divine qui seule conduit tout. Ce serait une impiété de vouloir contre Dieu, même si l'homme veut le bien et la divinité le mal. Les exemples abondent ; ce n'est pas la volonté d'Œdipe, c'est celle du destin, qui veut qu'Œdipe soit le meurtrier de son père et le mari incestueux de sa mère. Ce n'est pas la volonté d'Abraham, c'est la volonté de Dieu qui veut qu'Abraham soit le meurtrier de son fils. L'idée des religions antiques est bien nette. L'homme n'est pas libre, au moins toujours, il n'est maître ni de son bonheur, ni de faire le bien, si Dieu l'en empêche ; Dieu peut le plonger dans le malheur, malgré la prudence de la victime ; bien plus il peut le faire descendre jusqu'au malheur le plus pénible et le plus intrinsèque de tous, le crime, on dirait même qu'il s'en fait un royal plaisir ; telle est, du moins, la croyance de ces peuples.

Elle se fonde sur ce qui advient très réellement en matière de bonheur ou de malheur. Sans doute, les efforts de l'homme ne sont pas inutiles absolument et on recueille parfois le fruit de la probité ou du travail, mais pas toujours ; le destin se met en travers, détruit tous les espoirs. Tandis que tel sans effort et sans talent réussirait, tel autre avec talent et travail échoue à chaque instant ; il faut la chance. Et ce qui est vrai du malheur et du bonheur ne le serait pas de la vertu et du crime ! Cette croyance devient plus forte dans le christianisme avec la doctrine de la chute originelle, l'homme n'est plus enclin qu'au mal, il ne peut se relever par tous ses efforts sans le secours, la grâce de Dieu, or Dieu accorde sa grâce, comme le succès, à qui lui plaît, à l'élu, sans tenir compte de ses mérites, ceux-ci autrement le lieraient, il ne serait plus tout puissant. Le déterminisme religieux se fonde encore sur la prescience de Dieu, cette prescience deviendrait impossible dans l'hypothèse de la liberté de l'homme.

Le *déterminisme scientifique* est tout autre ; il se base sur la causalité ininterrompue, formant la chaîne du monde, dans laquelle aucun chaînon nouveau ne doit pouvoir s'introduire. Nous en avons exposé plus haut le développement, nous devons indiquer maintenant le point qui nous semble faible. Sans doute, une cause me paraît indépendante d'une autre cause, car tous les phénomènes sont à la fois causants et causés ; sans doute, on ne peut introduire dans le monde une force nouvelle, pas plus qu'un atome de matière, puisque rien ne se crée, et que même dans les systèmes de création, cette création n'appartient qu'à la divinité. Mais cela n'est peut-être vrai que quantitativement. Par exemple, un corps existe, sans doute tous ses atomes viennent d'ailleurs et retournent ailleurs ; sans doute aussi, la force qui est en lui, le mouvement, l'activité n'est qu'une dérivation du mouvement général. Mais ce mouvement, cette force prennent une qualité, une intensité qu'elles n'avaient pas, qu'elles n'auront peut-être pas toujours. Cette force transformée ne peut-elle pas être une volonté plus ou moins libre, mais non déterminée absolument ? L'être, régulièrement causé, ne peut-il pas, à son tour, causer librement, sans que la causalité soit interrompue ? Telles sont les objections possibles ; nous nous contentons de les indiquer.

Enfin entre le déterminisme et le non-déterminisme nous savons que religions et philosophies ont eu des hésitations. C'est que, si le déterminisme est plus scientifique, le non-déterminisme est plus moral. Les uns, comme Kant, ont admis à la fois l'un et l'autre ; la théorie, suivant lui, conclut dans un sens, la pratique dans l'autre, et la raison pratique vaut la raison théorique, elle est aussi sûre, en présence de l'inconnaissable ; une idée d'agnosticisme peut ainsi servir de conciliation. Les autres ont fait une part respective à chacun d'eux, et ont admis le contingent à côté de l'absolu, le volontaire à côté du nécessaire, le mérite à côté de la grâce ; on peut donner à l'ensemble de cette doctrine le nom qu'elle a pris quelquefois de synergisme ; l'expérience semble lui être sur certains points favorable ; lorsqu'il s'agira de la destinée, du malheur ou du bonheur, l'homme certainement y collabore, mais il ne travaille pas seul ; un inconnu supérieur, fatalité ou chance, qui reste dans l'ombre, travaille de l'autre bout et ce quelqu'un est plus fort que lui. Le *Nisi dominus œdificaverit domum* du psalmiste n'est pas dépourvu de vérité théorique ni de sagesse pratique.

L'aboutissement est certainement le déterminisme moderne. Le déterminisme est un *fatalisme impersonnel;* il ne réside plus dans la divinité comme seule cause, mais dans une série de causes proches et éloignées qui aboutissent à la volonté et s'en rendent maîtres. Il y a la même différence, sans doute, entre le *fatalisme* et le *déterminisme* qu'entre la *divinité personnelle* et celle *panthéis-*

*tique*, mais le fond est commun, et il n'existe dans le second qu'un perfectionnement du premier.

A côté de la querelle entre le libre arbitre et le déterminisme dans la sphère *psychologique* et morale, de la même dans la sphère *religieuse*, il en existe encore une dans la sphère *sociale criminologique*. Il semble tout d'abord qu'il ne doive pas se rencontrer là de question nouvelle, et que la solution qu'on aura adoptée dans la sphère psychologique sera la même dans celle-ci et qu'il ne s'agit que de l'appliquer. En effet, si l'homme est responsable *moralement* parce que son acte aura été libre, il le sera juridiquement sans difficulté et une peine devra lui être appliquée à titre d'expiation ou tout au moins de réaction ; si, au contraire, il n'est pas responsable, parce que son acte n'est jamais libre, il ne l'est pas non plus juridiquement et aucune peine proprement dite ne saurait lui être décernée, sauf à la société le droit de se défendre contre lui, soit en l'éliminant, soit en l'améliorant. Cependant des criminologistes ont pensé qu'il en est autrement, et que celui qui n'a pas le libre arbitre au point de vue psychologique et moral, peut l'avoir ou, tout au moins, être traité comme s'il l'avait et déclaré responsable au point de vue du droit criminel.

Cette conciliation du libre arbitre et du déterminisme sur le terrain sociologique a été tentée notamment par un sociologue d'un grand talent, M. Tarde, et sa doctrine ne saurait passer inaperçue. Partisan du déterminisme absolu au point de vue scientifique, mais craignant ses conséquences redoutables, suivant lui, en droit criminel, que ne fait pas disparaître le droit social de conservation, il a cherché sur le terrain *social* une conciliation qui ne lui semblait pas possible sur le terrain *moral*. En faisant cette recherche, il a été frappé vivement de ce fait que la punition n'avait pas seulement sa source dans une réaction sociale aboutissant à l'élimination ou à l'amendement du coupable, mais aussi dans une autre réaction sociale aboutissant à la réprobation du fait accompli, à la répugnance pour ce fait. Comment cette répugnance est-elle possible, s'il n'y a pas dans l'acte quelque chose d'intrinséquement coupable, en dehors même de tout libre arbitre, et au regard, au moins, de la société ? Qu'y a-t-il dans l'acte criminel qui puisse causer cette répugnance générale ? Elle n'existe pas si le crime est commis par un aliéné. Cet élément qui rend responsable socialement, ou plutôt ces éléments n'impliquent pas du tout celui du libre arbitre, n'exigent pas non plus une faute *en soi ;*

aujourd'hui être coupable, être responsable moralement, c'est simplement être blâmable, dit-il, jusqu'à un certain point, et comme tel,
punissable par un groupe plus ou moins étendu de personnes, par
toute l'humanité, si l'on veut, mais à des degrés divers; c'est être
propre à susciter dans ce groupe une certaine indignation, le mé-
pris, ou tout au moins, une pitié toujours à un certain degré flétris-
sante, et par choc en retour, à ressentir parfois dans son propre
cœur le sentiment du remords avec une force variable. Pour ce résultat limité il n'est pas nécessaire d'imaginer que le coupable a exercé
une *causalité libre* et il suffit qu'il ait mis en jeu sa *causalité
propre;* son acte lui est suffisamment *imputable* dès qu'il apparait
que son acte est *sien*. Dans ces termes, la condition essentielle,
c'est que l'acte reproché émane de la personne elle-même, volontaire
et consciente, non malade ni aliénée, cause causée soit, mais cause
pourtant vivante et irréductible, et que cette personne soit restée
jusqu'à un certain point la même depuis le délit. Il faut, en outre,
que l'auteur de l'acte soit ou se reconnaisse plus ou moins le com-
patriote social de sa victime et de ceux qui l'accusent : identité personnelle et similitude sociale. Une autre condition s'ajoute, c'est
qu'il ait d'abord résisté autant qu'il a pu résister, il existe toujours
en lui un *résidu de résistance*, c'est-à-dire *de volonté* dont il doit user.
La personne n'est pas *simple spectatrice* des combats qui se livrent
en elle; elle est aussi *actrice*. Telle est, dans son essentiel, cette doctrine remarquable. Elle soulève cependant quelques objections. En
quoi l'identité dans le temps ou la contradiction de la personnalité
peut-elle rendre l'individu coupable ou contribuer à sa faute ? Sans
doute, si sa continuité est détruite soit par une amnésie et l'oubli de
l'acte reproché, soit par changement plus profond et total, tempo-
raire ou non, de la personnalité, par exemple, dans le cas si curieux
de l'état second succédant à l'état premier avec retour ensuite à
celui-ci, soit par l'aliénation mentale survenue, aucun droit pénal
n'admettra l'application de la peine, parce que cette peine ne serait
plus consciente et n'entraînerait plus la réaction consciente contre
l'auteur (ce qui fait voir en passant que la défense sociale n'est pas
le seul but de la pénalité) ; mais il s'agit alors d'application de la
pénalité, non directement de la responsabilité, et c'est une condition
*surajoutée* par tous au libre arbitre initial. Le second élément nous
semble, au contraire, essentiel et former un système nouveau qui
renferme la vérité scientifique dans le crime d'*anormalité* relative. Par
suite, si l'acte criminel est dirigé de nation à nation, par exemple,

la conscience *publique* est moins offensée, ce serait une simple hostilité, parce qu'elle a lieu entre êtres pour ainsi dire dissemblables. C'est pour ce motif que les actes cruels contre les animaux échappent le plus souvent à la répression, et que les crimes familiaux sont les plus grands. Le troisième élément, celui que le criminel n'ait pas fourni au moins son potentiel de résistance, est une très juste conciliation du déterminisme et du non déterminisme, d'où il résulte que tantôt la volonté est réelle, que tantôt elle est puissante, que tantôt enfin elle ne peut fournir qu'une énergie insuffisante. Un autre grand mérite de ce système, c'est qu'il crée à côté d'une responsabilité psychologique toujours discutable, une responsabilité sociale nettement distincte, qui coupe court au débat séculaire. L'éminent psychologue et sociologue a donc, en sociologie, débattu avec succès ce problème et proposé la meilleure solution.

Nous avons terminé ce long exposé; l'importance de la question le rendait nécessaire. Maintenant il faut conclure et choisir entre le déterminisme et la libre volonté, ou voir s'il n'y a pas une conciliation logique possible entre les deux.

Il faut l'examiner, abstraction faite de ses conséquences pratiques. Sans doute, le déterminisme parfait en présente de dangereuses; l'homme qui croit qu'il est maître de lui, que sa volonté est libre, craindra davantage de mal faire; il ne le craindra presque plus, s'il peut se prétendre à lui-même que sa volonté a été forcée; en bien des cas, lorsqu'il s'agit d'une action mauvaise qui n'a pas été frappée par les lois ou qui ne peut être découverte, l'homme la commettra s'il peut invoquer cette excuse, et la moralité ainsi peu à peu ébranlée sera détruite même pour les cas où le châtiment extérieur est possible, car tout se tient. Cependant la vérité est indépendante des résultats et rien ne doit former un préjugé contre elle.

Il faut se tenir en garde aussi contre les raisons de sentiment. On pourra invoquer le consentement des peuples, le blâme des actions mauvaises, en dehors de toute idée de défense personnelle ou sociale, le sentiment, presque la sensation de la responsabilité, donc de la liberté, et en conclure que celle-ci existe. Mais de tels arguments sont à double tranchant. Si l'on remonte à une époque très reculée, on voit non-seulement que la morale a varié et que ce qui est exécrable était indifférent, ce qui ne serait pas concluant, car la morale s'apprécie au stade de civilisation auquel on est parvenu et se modifie avec son *substratum*, mais aussi qu'à une certaine époque il n'y a pas plus de blâme que de répression pour les actes, même ceux alors

jugés coupables, et on aboutit en remontant dans l'histoire à un
état d'indifférence, de non répugnance au mal, même de celui commis par les autres, même de celui dont on souffre ; la victime accepte
la mort et approuve le meurtrier.

Ces préjugés écartés, il en reste un, non moins redoutable, qui,
comme le sphinx, garde et défend l'entrée dans la vérité. C'est le
*préjugé scientifique lui-même.* Le système du libre arbitre a été
longtemps classique, et sauf en matière religieuse où le dogme de la
prédestination l'avait souvent emporté, il était interdit de s'élever
contre lui sous peine de soulever l'indignation générale; il en est
encore de même aujourd'hui si l'on se renferme dans le cercle des
juristes; c'est la seule opinion orthodoxe et réputée honnête. Au
contraire, de nos jours, si l'on se place dans le cercle des sociologues
et des criminologistes, bien différents des criminalistes, c'est l'opinion contraire qui est commandée non moins impérieusement ; il y
a un assaut d'intolérance. Ce qui est plus grave, défendre le libre
arbitre ou même ne pas le nier tout à fait, semble une entreprise
rétrograde, antiscientifique au plus haut chef; les personnes qui ont,
dans l'ensemble de leurs opinions, une tendance contraire sont obli-
gées, pour ne pas sembler des empiriques, de proclamer le dogme du
déterminisme, puis par des détours savamment combinés de reprendre ensuite et essayer de faire accepter quelques fragments du
libre arbitre. Ce dernier préjugé n'est pas le moins dangereux. Nous
nous efforcerons de ne pas en subir l'impression, plus que celle
des autres.

L'homme est-il libre? Sa liberté est-elle une liberté d'indifférence,
c'est-à-dire dans laquelle il puisse écarter tous les motifs pour vouloir seulement? Ne consiste-t elle qu'à choisir entre les motifs
d'après le poids de ceux-ci? Au delà des motifs apparents qui
entrent en délibération formelle, n'y en a-t il pas de plus éloignés,
des causes, des facteurs lointains qui ne parlent pas, mais qui agissent? La volition n'est-elle que la résultante des seuls motifs, et
la volonté un simple instrument enregistreur? Ou la volonté qui est
certainement passive est-elle active aussi, de telle sorte qu'elle constitue un facteur nouveau et interne qui agit de son côté sur la volition? Ce facteur peut-il contrebalancer les autres et les dominer ? Le
peut-il toujours ou quelquefois seulement? Le peut-il directement
ou seulement indirectement ?

Tout d'abord, les motifs de décision doivent plutôt être dénom-
més les causes, car le motif semble indiquer seulement les idées

que la volonté invoquerait pour s'éclairer et se décider ensuite. Or, il y a beaucoup de ces causes que l'esprit n'invoque pas, qu'il ne voit pas, par exemple : l'hérédité. Dois-je m'abstenir de m'enivrer ? la honte sera un motif dans le sens de l'abstention, ce motif me sera conscient; mais l'habitude héréditaire sera une cause dans le sens de l'action, cause souvent décisive et je n'y songerai même pas ; je ne penserai pas à l'habitude personnelle, et quand j'y penserais, ce ne serait pas cela qui lui donnerait sa force. Tant qu'il s'agit des motifs proprement dits, présents à l'intelligence, on peut dire que ce ne sont pas eux qui agissent seuls, que c'est mon esprit lui-même qui agit en les employant, que, par conséquent, c'est lui qui décide par leur moyen, et librement, quelque soit leur poids respectif; que donner à ces motifs la décision, c'est leur accorder une entité, une existence réelle qu'ils n'ont pas; mais on n'en peut dire autant quand il s'agit de causes inconscientes, de forces, comme, par exemple, l'hérédité, le climat, la suggestion d'autrui, la religion, etc.; on sait combien ces facteurs sont nombreux, nous en avons plus haut énuméré quelques-uns.

Les causes de la volition agissent donc soit devant l'esprit, soit hors la vue de l'esprit de l'homme, ils interfèrent entre eux, comme les forces naturelles, se combinent, se désagrègent, se corroborent, se contredisent et finissent par former une résultante. Jusques-là, il n'y a pas de volonté; il n'existe que le résultat, la volition engendrée par la combinaison des causes indépendantes de l'homme lui-même. Nous sommes en plein déterminisme; la volonté n'a pas, pour le moment du moins, même simple voix consultative. L'arrêt est rendu par toutes les causes réunies qui siègent en l'homme, comme en un lieu de délibération. Seulement leurs voix ne se nombrent pas; elles se pèsent. C'est le poids le plus fort qui l'emporte. Aussitôt la décision prise, elle est exécutée autant que possible; l'exécution est remise à l'homme, et c'est à cause de ce point que l'homme s'est cru si longtemps libre. On a même été jusqu'à prétendre que, si la volition est déterminée, l'action qui la suit est libre. Il n'en est rien. S'il en était ainsi, l'homme arrêterait tout au moment de l'action. En réalité, il exécute, mais il est forcé de le faire.

Un des facteurs les plus puissants de ceux qui ont la décision, c'est l'habitude. L'homme qui a toujours fait de bonnes actions en commettra bien difficilement une mauvaise, cependant le penchant de l'homme au mal est certain, quoi qu'en aient dit les optimistes, et cela diminue un peu le précédent facteur. C'est ce qui fait qu'à moins de facteurs d'une extrême puissance, par exemple, celui de l'hérédité, le facteur habitude est presque certain de triompher.

Tous ces facteurs agissent, non sur la volonté, jusqu'à présent il n'y a pas de volonté et nous n'allons peut-être pas en découvrir, mais sur la mentalité de l'homme; le résultat de leur combinaison s'y imprime, et cette impression va entraîner l'action extérieure, mais toute action cause une réaction; l'objet impressionné se soulève et cherche à agir à son tour sur les facteurs; de passif il devient actif; il devient facteur, facteur certainement plus faible, il ne résiste pas à l'action avec l'intensité avec laquelle elle s'est produite, mais cependant cette réaction n'est nullement négligeable. Il n'y a pas là un nouveau facteur que l'esprit apporte et qu'il va superposer ou juxtaposer à tous les autres; ce facteur est lui-même, la personnalité s'opposant seule à tous les autres facteurs ou à quelques-uns d'entre eux. Il ne se combine pas avec eux; il lutte, en prenant quelques-uns pour alliés, les plus sympathiques. Dans la course des corps célestes, la direction du mouvement se fait d'une part d'après l'attraction des corps voisins qui agissent en raison de leur volume; si ce facteur était le seul, la terre tomberait verticalement vers le soleil. Elle se fait, d'une autre part, d'après la force vive du mouvement qui se trouve dans l'astre en marche et qui consiste dans une horizontale indéfinie. Comme ces deux facteurs se combinent, il en résulte la course circulaire. Il en est de même ici; tout d'abord la mentalité suit dans son activité l'attraction de tous les facteurs ambiants, hérédité, climat, religion, race, etc., dans leur résultante, ce qui l'entraîne irrésistiblement vers le plus fort d'entre eux, mais, d'un autre côté, elle est douée d'une force vive qui tend à la faire mouvoir librement et devant soi par une liberté d'indifférence; ces deux forces se combinent et il en résulte que la mentalité gravite.

Nous avons désormais deux groupes de forces, celui des facteurs divers qui causent l'action et celui de la volonté, car il faut bien l'appeler par son nom, qui cause la réaction. Le pesage va maintenant se faire non seulement entre ces facteurs, mais entre eux plus la force de réaction, ils se placeront suivant l'affinité dans l'un ou l'autre des deux plateaux. C'est le groupe le plus pesant qui l'emportera. Mais quel sera dans cette pesée le poids de la volonté? Il sera variable, aussi bien que celui de chacun des facteurs; quelquefois très petit chez les hommes à volonté faible, quelquefois très grand chez ceux à volonté forte ou héroïque; il deviendra nul en cas d'aboulie. Du reste, cette force ou cette faiblesse de volonté sera *constante*, elle ne variera pas suivant chaque question, ainsi que le font les autres facteurs.

La volonté n'est donc pas nulle, ce n'est pas un mot ou une résultante passive; cette résultante, c'est la volition; la volonté concourt avec les autres facteurs à la former. N'est-ce pas revenir ainsi au système du libre arbitre? Nullement. Celui-ci suppose que l'homme moral, qui n'est pas anormal même accidentellement, est absolument libre, qu'il peut décider malgré les causes les plus fortes, qu'il a toujours la liberté, même peut-être d'indifférence. Loin de l'avoir, la mentalité ne peut opposer que sa force naturelle et constante de réaction sans pouvoir décider; si cette force suffit avec celle réunie de plusieurs facteurs pour dépasser le poids réuni des autres, c'est la volonté aidée de ces auxiliaires qui l'emportera; dans le cas contraire, la volonté sera vaincue, elle n'aura pas été libre. L'homme *normal* n'est donc pas *toujours libre*, il l'est quelquefois, telle serait la formule. De même, il est plus ou moins libre suivant que sa volonté a plus ou moins de force générale; le degré de volonté, de liberté, de responsabilité, varie à chaque instant. Il faudrait être situé à l'intérieur de l'esprit de l'homme pour s'en rendre compte; de dehors, cela est impossible.

C'est en ce sens qu'il y a en même temps *déterminisme* et action ou plutôt *réaction* de la volonté pour aboutir à la *volition*, mais il n'y a pas là *deux puissances* traitant d'égal à égal, d'une part la volonté, de l'autre les facteurs déterminants, ni à plus forte raison, une puissance toujours supérieure, la volonté, il n'y a donc pas système mixte entre le déterminisme et le libre arbitre, il y a, en réalité, *synergie* de la mentalité et des facteurs qui agissent sur elle. Chez les non-civilisés, chez les impulsifs, la volonté est très faible, les causes involontaires l'emportent toujours dans la balance, la volonté n'aura pas été capable même de contrebalancement, loin d'apporter un appoint suffisant dans l'un des plateaux de la balance; au contraire, chez les civilisés, les stoïques surtout, habitués à vouloir contre tout, la volonté aura acquis une telle force qu'elle pourra contrebalancer tout le reste, et que tel homme aura vraiment le libre arbitre. Tous les hommes ne le possèdent pas ni toujours, mais ils l'ont quelquefois. Quand l'ont-ils? Cela est un point très délicat. Tout le monde l'ignore, et ils l'ignorent souvent eux-mêmes.

Ainsi la volonté est une *force de réaction* variant de zéro à l'infini suivant les personnes, les temps, les circonstances, contre l'action de l'hérédité, de l'habitude, du climat, de la suggestion, etc., et la balance entre les diverses formes d'action et de réaction donne la volition.

Mais la volonté étant entièrement variable peut être diminuée et augmentée et ainsi acquérir moins ou plus de poids contre les autres facteurs. L'homme peut agir sur elle ou plus exactement la volonté peut agir sur elle-même d'habitude soit pour se donner une plus grande force, soit pour se diriger normalement d'un certain côté, au lieu de se diriger de l'autre ou de flotter. On peut exercer sa volonté comme on peut exercer ses jambes ou ses bras; elle prend à la fois de l'élasticité et de la vigueur, et lorsqu'on veut s'en servir, elle triomphe plus facilement des facteurs déterminants, elle les *détermine* à leur tour. C'est ce que faisaient les stoïques, par leur impassibilité, les gens vertueux, par leurs efforts constants, les ascètes, par leur lutte contre la nature. Cette préparation est une sorte de gymnastique ou d'hygiène. La volonté malade ou affaiblie succombera à la première lutte ; ainsi cultivée, elle luttera et triomphera souvent.

Ce n'est pas seulement l'*intensité* de volonté qu'on peut accroître, mais surtout sa *direction* générale qu'on peut imprimer, et la force de l'habitude est telle qu'avec ce puissant facteur comme auxiliaire on pourra vaincre parfois tous les autres facteurs actuels. On a souvent, pour sauver le principe du libre arbitre, fait le raisonnement suivant. Sans doute, tel crime reproché a été causé fatalement par le concours de circonstances ou de prédispositions telles que le criminel n'en est pas moralement responsable, il n'était pas libre; ce qui lui a tiré surtout cette liberté, c'était l'habitude invétérée de mal faire et aussi les obstacles au bien causés par sa situation antérieure. Le libéré ne trouve pas de travail, il n'est habitué qu'au vol, à la première occasion il vole fatalement, sans même consulter son vouloir. Mais il en est cause indirectement et reste soumis à une certaine imputabilité; s'il n'avait pas commis le crime ou le délit précédent, il ne se serait pas trouvé en cet état. Il est vrai que ce crime précédent, il l'avait commis presque inconsciemment aussi, par suite de l'influence d'un crime antérieur. En remontant ainsi de crime en crime, on parvient jusqu'à une époque où sa volonté était libre et où il se trouvait réellement responsable; puis on fait redescendre cette responsabilité jusqu'au crime final. Cette théorie ressemble un peu à celle que nous avons développée ci-dessus du Karman, de l'action engendrant une autre action; un état d'esprit se perpétue et

augmente en même temps qu'il porte ses autres effets bons ou funestes,
mais dans le Karman il s'agit du résultat mécanique propre à chaque
action, ici de la punition due. Or, à ce point de vue, on a objecté avec
raison que, lors de la première action mauvaise, peut- être très légèrement coupable, le futur criminel n'avait pu prévoir la conséquence
dernière, et que, par conséquent, il est injuste de le punir, comme d'un
véritable crime, plus que pour l'acte premier lui-même. Il ne faut
donc pas aller aussi loin; mais il n'en reste pas moins certain que
par le travail successif de la volonté, en s'habituant ainsi au bien,
on peut se rendre presque incapable d'une faute grave, incapable
certainement d'un crime atroce. Une sorte d'impeccabilité peut donc
être acquise. De même, on peut tuer d'avance le remords, en étouf-
fant peu à peu et en assourdissant d'abord la voix de la conscience.
La direction une fois donnée définitivement, la volonté ne pourrait
plus revenir en arrière, elle est subjuguée à son tour.

Ces deux moyens préalables ne sont pas les seuls par lesquels la
volonté a, outre une réaction directe, une action indirecte. Il en est
un autre qui se place au moment même de la volition envisagée.
La volonté peut alors, au lieu de réagir directement sur quelques-
uns des facteurs ou en même temps sur tous, agir sur l'un de ces
facteurs pris à part, non pour le combattre, mais pour l'amplifier,
pour le grossir. Ce résultat sera souvent obtenu en concentrant sur
lui toute son attention, comme on fixe son regard sur un objet ma-
gnétique. On verrait bientôt, si l'on voyait l'invisible, le facteur,
surtout celui consistant en un motif, se grossir à vue d'œil, doubler
ou tripler de force, produire de nouveaux développements, quelquefois engendrer d'autres motifs analogues, et les autres, au
contraire, s'oblitérer, n'avoir plus que leur force inconsciente
et même perdre enfin de celle-ci.

La volonté possède donc, outre sa réaction directe et actuelle, des
moyens indirects soit préparatoires, soit actuels, pour faire triompher telle ou telle volition. Lorsqu'elle les emploie tous, elle arrive
non à posséder une liberté d'indifférence, mais à se lier elle-même
dans ce sens, à résister à toutes les actions en sens contraire. Elle
ne veut plus au moment même, à force d'avoir voulu elle est dis-
pensée de vouloir, mais ce n'en est pas moins l'influence de sa volonté
qui avait triomphé d'avance.

Telle serait, sur le terrain psychologique, une solution possible
de la question du libre arbitre. Le libre arbitre et le déterminisme
existeraient *alternativement* suivant *la force de la volonté*, unie à

certains facteurs, vis-à-vis de celle des autres facteurs, le premier n'existerait entier que si, jeté seul dans l'un des plateaux, il dépassait en force tous les autres facteurs ensemble. Il n'est que partiel lorsqu'il ne peut contre-balancer les facteurs contraires qu'à l'aide de facteurs de même sens que lui. Enfin, il disparaît si les facteurs contraires ont un poids supérieur, et alors l'homme décide et exécute malgré soi-même ce qu'il n'a pas voulu. Un tel système, et c'est sa caractéristique, n'est pas *mixte* et *cumulatif*, il est *alternant*.

La même alternance et la même coopération se retrouvent non plus entre le mal produit par des facteurs extérieurs et la mentalité résistante, mais entre le malheur produit soit par la fatalité, soit par le déterminisme résultant des causalités et la volonté de succès et de bonheur. Une lutte épique existe entre eux soit dans la société, soit dans l'individu et aboutit au triomphe, tantôt de l'un, tantôt de l'autre, le plus souvent de l'élément de la cause involontaire ; cependant, l'effort n'est pas dénué de toute efficacité, mais il est bien inférieur à la chance. Un homme qui a le talent et les autres moyens intrinsèques de réussite peut invinciblement échouer et finir par douter de lui-même jusqu'à conclure par le suicide ; un autre peut sans talent et en vertu de sa bonne destinée parvenir au plus haut rang et réunir tous les bonheurs. D'où vient la chance, cet élément si précieux ? Ce ne peut être le pur hasard, car il agit avec constance, c'est la fatalité, ce peut être un déterminisme très complexe dont on ne voit que le résultat et qui écrase la volonté.

Mais il faut noter tout de suite que le degré, l'absence ou la plénitude du libre arbitre restent des faits inconnus de celui même dont il s'agit, à plus forte raison, de tous les autres. Il y a là une *circonstance pratique* de la plus haute importance.

Elle nous conduit à l'examen de la *responsabilité sociale* ou de la *culpabilité sociale*.

Nous n'admettons pas qu'il existe une responsabilité sociale, sans aucune responsabilité morale. La responsabilité sociale ne peut être que la traduction de l'autre. Mais cependant il y a une différence entre elles relative à la connaissance et à la preuve.

Le degré, la présence ou l'absence de la responsabilité morale sont souvent inconscients, inconnus de celui-là même qui est en cause ; pour bien s'en rendre compte, il faut un certain éloignement ; celui qui a commis l'acte a seulement d'une manière nette la connaissance des phénomènes psychologiques qui l'ont accompagné, précédé ou suivi ; il sait, en outre, les détails de l'acte, mais il est incapable de les apprécier très sainement. S'il dévoilait cet état à un autre avec toutes ces circonstances, cet autre verrait plus clairement en lui. C'est sur cette vérité que s'est fondée cette coutume, répandue dans diverses religions, de la confession. Mais cependant, en réunissant tous ces moyens d'investigation, on peut parfois arriver à déterminer d'une manière assez exacte la part du libre arbitre dans une action et celle des causes déterminantes. Cette appréciation est, il est vrai, très délicate du moment où la liberté n'est pas une et indivisible, mais, au contraire, susceptible de beaucoup de nuances et de fractionnements, mais elle est possible, surtout de la part du tiers instruit par le coupable lui-même ou qui l'a observé, de même que le médecin renseigné par le malade peut quelquefois plus sûrement se rendre compte de sa santé.

Mais, lorsque cette appréciation doit être faite en dehors de tout aveu et de toute description du coupable, et par des tiers, lorsqu'elle doit, en outre, être sommaire et rapide, elle devient beaucoup plus difficile et elle l'est parfois tellement qu'elle peut être réputée impossible et qu'il n'y a pas lieu de la faire. Alors, de par les difficultés de la preuve, le libre arbitre dont il importe de rechercher l'existence et le degré doit être éliminé. En pratique, le *déterminisme d'alternance* que nous venons d'établir en *éthique*, deviendra, en *science sociale*, un *déterminisme absolu*, mais ce ne sera qu'indirectement et seulement toutes les fois qu'une investigation exacte sera devenue impossible; dans les limites du possible, l'investigation devra toujours être faite.

On nous demandera immédiatement pourquoi dans cette impossibilité de faire le départ entre la part du libre arbitre et celle du déterminisme, c'est le premier que nous sacrifions totalement plutôt que le second. C'est d'abord en vertu de ce principe reçu que le doute profite à l'accusé, puis de cet autre plus scientifique, que la volonté isolée, nue, pour ainsi dire, peut être réduite à zéro, tandis que les autres facteurs ne sont jamais uniques.

La connaissance sociale de l'existence et de la proportion entre la volonté et les facteurs externes à la volonté est plus ou moins difficile, suivant que la recherche en est faite par la victime du délit ou par les autres citoyens, et dans ce dernier cas elle varie encore suivant qu'il s'agit des citoyens dans leur ensemble et constitués en État *ut universi* ou des citoyens *ut singuli*. Dans le premier cas, comme le crime se commet d'ordinaire entre personnes ayant eu déjà des relations de voisinage, professionnelles ou autres, et pouvant s'ap-

précier même en dehors de l'acte en question, la victime a pu connaître approximativement la part que la volonté de l'agent a eue dans
cet acte et celle qui revient aux facteurs involontaires, elle saura
la méchanceté dont il est abondamment pourvu ou qui lui manque.
Elle pourra agir en conséquence dans son administration de la justice, c'est-à-dire, dans sa vengeance, et par conséquent, cette vengeance pourra ne pas se mesurer seulement sur ce qui est nécessaire pour la défense, mais aussi sur ce qui convient pour la peine
vindicative. Ainsi, dans l'état primitif où la justice pénale était remise aux mains de la victime, la théorie purement utilitaire moderne
n'aurait pu se faire jour; le mot de vengeance signifie précisément
le contraire; cette vengeance n'est légitime que si elle tient compte
du degré de volonté, et cette supputation est possible de la part de
la victime.

Cette possibilité existe encore, mais moins grande, quand ce
n'est plus la personne lésée qui poursuit et punit, mais les autres
citoyens *ut singuli*. Il s'agit à l'origine de ceux qui ont été témoins
du crime, ou qui sont les voisins, comme dans le cas de la loi de
Lynch. Sans doute, ils connaissent moins les antécédents du coupable et les facteurs antérieurs, mais ils savent les facteurs immédiats, les causes prochaines, le degré de malice, ou au contraire, de
nécessité. Aussi condamnent-ils et exécutent-ils beaucoup plus
d'après les intentions présumées du criminel que d'après les résultats
du crime.

Mais la possibilité de discernement est très faible, quand c'est la
société organique qui prononce et juge. Les moyens délicats d'infor-
mation lui manquent. Très longtemps même le juge a ignoré les
antécédents judiciaires de l'accusé; il ignore presque toujours encore ses antécédents non judiciaires et ne possède pas les moyens
de s'en informer. Par conséquent, l'hérédité, l'éducation, le milieu,
les facteurs les plus importants lui restent inconnus. Sans doute, il
doit et il devra se renseigner, mais le résultat est aujourd'hui assez
faible. On tend à amplifier cette connaissance et l'on a raison, mais
le progrès de ce côté sera toujours très incomplet. Que faire alors?
On a dû prendre un parti pratique. C'est ce qu'on a fait; seulement,
ce n'est pas toujours la même branche de l'alternative qu'on a tenue.
Il fallait éliminer la part inconnue des facteurs involontaires, on
élimine la part inconnue de libre arbitre. Dans le passé, c'est la première solution qu'on a adoptée. On ne se pose que cette question :
l'accusé est-il un normal ou un anormal? Si c'est un anormal, il y

aura une manière spéciale de le traiter que nous examinerons au chapitre suivant. Si c'est un normal, on élimine les facteurs involontaires, on le considère comme ayant pleinement le libre arbitre et comme ayant agi tout à fait volontairement. Désormais, et cette manière de procéder est bien meilleure, on éliminera la part qui peut exister de volonté, on ne conservera que les facteurs involontaires, et on aboutit ainsi au *déterminisme social pratique*, indépendant du parti qu'on peut prendre dans la question *du déterminisme moral*.

Nous croyons que là est la vérité. En réalité et psychologiquement, dans la perpétration d'un acte il y a tantôt *alternance*, tantôt *concomitance* à des degrés variables entre l'action des facteurs involontaires et la réaction de la mentalité. Mais cette alternance ou cette concomitance et ses degrés qui peuvent encore être connus dans ce domaine deviennent presque inconnaissables quand on se place à un point de vue trop distant, au point de vue sociologique et criminologique. On doit cependant les rechercher autant que possible, et tous les moyens d'investigation apportés par la science ou l'expérience doivent être avidement recueillis, mais lorsqu'on n'a pas le temps ou la possibilité de l'obtenir, on doit *utilitatis causa* éliminer l'élément de la volonté et ne retenir que les facteurs involontaires, mais tout en sachant que, lorsqu'il s'agit d'un normal, il y a toujours ou presque toujours une part de volonté cachée, suffisante pour indiquer une possibilité de culpabilité morale.

Mais ce déterminisme absolu n'est que *pratique*, il ne doit avoir lieu que tant que la genèse exacte de la volition reste forcément ignorée ; ce n'est que le résultat d'une présomption à défaut de preuve.

Il se distingue du déterminisme absolu théorique sur un point essentiel qui est une objection souvent invoquée contre celui-ci.

Dans le déterminisme théorique, la *cloison* entre le *criminel* et le *dément* est si mince qu'on peut facilement passer au travers. Il n'y a même aucune différence au point de vue moral. Le criminel n'a pas plus voulu que le coupable, puisque ni l'un ni l'autre ne sont libres. Seulement l'intelligence oblitérée chez le dément est restée entière chez le criminel. Qu'importe, puisque malgré son intelligence, le criminel ne vaut pas plus que s'il n'en avait pas! Sans doute ; mais quand il s'agit de l'*intimidation*, la société peut agir sur le criminel par la *crainte de la peine ;* cette crainte deviendra un *nouveau facteur externe, facteur artificiel* qui pourra *contre-balan-*

*cer* les autres. Cette ressource lui manque lorsqu'il s'agit de l'aliéné qui ne comprendrait pas cette menace. Un tel critère n'est pas *intrinsèque*, il se réfère à l'efficacité de la peine, et non à la criminalité, mais il n'est pas lui-même toujours vrai. Il est possible d'agir par intimidation sur les aliénés, et cela devient même facile lorsqu'on est simplement en présence d'un faible d'esprit ou d'un monomane. Il n'y a donc dans ce critère qu'un critère qui n'est jamais complet et qui peut s'abaisser jusqu'à zéro, de sorte que l'assimilation entre le dément et le criminel tend toujours à s'établir. Cela reste le point faible du *déterminisme théorique.* La *conscience intime* discerne cependant le dément et le criminel; le désir de vengeance n'existe pas vis-à-vis du premier; l'indignation, le blâme ne l'atteignent pas.

Hé bien! dans la théorie que nous avons proposée, la distance voulue par le sens intime entre le dément et le criminel est maintenue, parce que précisément le libre arbitre, tantôt possible, tantôt actuel, tantôt fort, tantôt très faible, est conservé dans la sphère morale et n'est éliminé dans la sphère sociale que comme *inconnaissable.*

A l'inverse de ce qui a été souvent proposé, à savoir : le déterminisme absolu théorique et moral se convertissant sur le terrain social et pratique en libre arbitre ou plutôt, ce qui revient au même, en responsabilité pénale, nous proposerions l'*alternance théorique et morale* entre le *déterminisme* et le *libre arbitre* ou leur *concomitance* à tous les degrés possibles, comme action et réaction mécaniques, qui se convertit sur le terrain social en déterminisme pratique, n'excluant pas cependant l'appréciation de la part de volonté, lorsque celle-ci peut être connue.

Cette question pendante entre le libre arbitre et le déterminisme peut se placer, ceci est important à retenir, sur un domaine plus ou moins vaste. Même pour ceux qui admettent le libre arbitre, celui-ci ne peut triompher complètement qu'en ce qui concerne les criminels normaux. Les *anormaux,* déments et autres, sont en dehors. Seulement on peut comprendre parmi les anormaux, suivant les opinions particulières à ce sujet, un plus ou moins grand nombre de personnes, et la tendance qui était autrefois de le restreindre est aujourd'hui, au contraire, à l'augmenter. Il y a, en effet, sur la limite entre la normalité et l'anormalité, beaucoup de situations flottantes qu'on peut rattacher à l'une ou à l'autre.

En résumé et pour condenser cette théorie en une formule très nette :

Au point de vue moral et théorique, il ne faudrait admettre ni le déterminisme exclusif ni la volonté exclusive. Dans les *cas extrêmes* l'un de ces éléments peut s'*éliminer* et rester seul. Dans les cas ordinaires, et pourvu qu'il s'agisse d'un *normal*, il y aurait *synergie* de la *mentalité autonome et réagissante* et des *causes déterminantes.* La *proportion* de la part de chacun de ces deux groupes dans la genèse de la volition est extrêmement *variable;* celle de la mentalité est souvent très faible.

Il ne faut pas en conclure qu'il y a toujours ou presque toujours libre arbitre. Celui-ci n'existe par le jeu de ces forces, que dans les cas où la réaction de la mentalité contre les motifs agissants aurait assez de vigueur, soit seule, soit avec l'aide de certains facteurs involontaires, pour vaincre les autres facteurs.

S'il n'y a pas ou presque pas de facteurs externes, la volition peut atteindre ainsi le point de la liberté d'indétermination. Mais ce cas est exceptionnel et ne saurait concerner les actions criminelles.

Si les facteurs sont puissants et la volonté déprimée, on peut atteindre le déterminisme absolu.

La recherche du degré de *liberté psychologique* est difficile. D'ailleurs, il ne s'agit point de l'*entité* appelée *volonté*, combattant des *forces externes* ou *internes*, mais *mécaniques*, mais seulement d'un *potentiel de réaction que la mentalité possède contre l'action de ces forces.* Cette *réaction volitive* ne se produit d'ailleurs jamais d'elle-même, mais par suite d'excitations contraires.

Il n'y a donc point là un *essai de conciliation opportuniste et anti-scientifique*, mais la *constatation de l'interférence de deux lois psycho-physiques.* Il convient d'ailleurs d'observer que le système du libre arbitre n'a pas pu éliminer toute trace de déterminisme, même pour ses adhérents. En effet, les partisans de la liberté ont été obligés d'abandonner ce qu'ils avaient soutenu d'abord, la liberté d'indifférence. D'autre part, les déterministes doivent reconnaître que le *hasard* peut se trouver au *point d'intersection* de deux séries déterminées et constituer une *interférence.* On connaît l'exemple souvent cité du laboureur qui rencontre avec sa charrue un trésor caché. Pourquoi labourait-il de ce côté? On peut en remonter les causes de la plus prochaine à la plus éloignée. Pourquoi le trésor avait-il été caché là ? On peut parvenir à la même découverte causale. Mais comment expliquer la rencontre de ces deux faits, et pourquoi la charrue a-t-elle heurté précisément le trésor ? Seulement parce qu'il y a eu rencontre de deux séries de causes dans le temps et dans l'espace, interférence d'ondulations.

Telle serait la théorie d'un *système nouveau*, celui du *synergisme* ou du *concours de la mentalité réagissante et des divers facteurs involontaires agissants*. Ce serait l'*excédent* de l'une de ces deux forces, l'*action* ou la *réaction*, qui l'emporterait et déterminerait la volition. On peut faire ici une comparaison topique empruntée à la médecine. On sait que cette science a été renouvelée dans ces dernières années par la théorie microbienne; or, il y a la plus grande analogie entre la médecine et la pénologie curative. On avait cru auparavant que les maladies, toutes celles qui n'étaient ni traumatiques, ni épidémiques, venaient du dedans et non du dehors, les tissus les produisaient eux-mêmes par leurs virus, leur anémie ou leurs décompositions spontanées, le malade était lui-même la cause physique de son mal. C'était une erreur. Pour beaucoup de ces maladies, il y avait un agent extérieur, agissant par pénétration; cet agent est le microbe; l'air ambiant en est saturé; il nous parvient de toutes parts; dans nos maladies nous ne jouons qu'un rôle passif; ces germes jouent le rôle actif. Ainsi, la médecine microbienne est en train de détrôner la médecine classique.

Remarquons qu'entre les deux processus il existe la plus grande analogie; dans la criminologie classique le crime vient de nous-mêmes, nous l'élaborons, nous le voulons, c'est notre produit; de même, dans la médecine ancienne, le malade crée souvent sa maladie. Au contraire, dans la criminologie nouvelle, le crime ne vient pas de nous, du moins pas de ce qu'il y a de plus autonome en nous, la volonté, mais de l'extérieur, de l'ambiance, où se trouvent des facteurs qui nous pénètrent et qui forment la volition, sans notre concours, de même que dans la médecine microbienne les facteurs de nos maladies viennent de dehors et opèrent fatalement sur nous, sans que notre constitution puisse les combattre, de sorte qu'il ne reste à employer contre eux que les moyens artificiels de la médecine. La médecine microbienne triomphe comme la criminologie déterministe.

Seulement dans le dernier état de la théorie microbienne on a découvert qu'on avait négligé une circonstance essentielle. Etait-il possible qu'en présence d'une action si absorbante des microbes, l'homme eût pu conserver l'existence, surtout lorsque cette théorie était ignorée et que par conséquent on ne prenait aucune précaution artificielle et volontaire contre cette invasion d'ennemis invisibles ? De même, maintenant comment atteindre ces ennemis, tant qu'on aurait pas découvert les moyens sûrs de les éliminer ? Comment les poursuivre jusque dans la profondeur des tissus ? Comment enfin en les détruisant ne pas détruire les tissus eux-mêmes, les moyens employés pouvant être délétères pour les uns et les autres à la fois.

On chercha et on s'aperçut que contre l'action des microbes venus de l'extérieur, il y avait une force antagoniste, intérieure et humaine cette fois, spontanée et réactive, la *résistance des tissus*. Ces microbes, quelque actifs qu'ils soient, ne sont pas toujours les plus forts dans la lutte. Si le tissu est sain de lui même, bien nourri, serré, il peut résister, expulser les microbes ou les détruire en les absorbant sans danger pour lui. De là deux sortes de thérapeutiques : celle par affaiblissement du microbe, celle par affermissement des tissus. L'état de santé sera le résultat de l'action du microbe et de la réaction du tissu contre lui. Dans certains cas, le premier étant plus fort, le tissu ne pourra résister, quelque effort qu'il fasse, dans d'autres cas, le tissu sera plus fort, la réaction vaincra l'action.

Il en est de même en criminologie ; en opposition à l'action des facteurs externes se trouve la réaction d'un facteur interne, de la mentalité, qui joue dans la solution définitive le même rôle vis-à-vis des facteurs déterminants, que la résistance des tissus vis-à-vis de l'action microbienne. Est-ce à dire que la volonté puisse triompher toujours et même d'ordinaire, et qu'il en résulte le libre arbitre ? Nullement, il est des cas nombreux où les facteurs externes sont beaucoup plus forts et même irrésistibles, même chez l'homme normal, de même que les microbes peuvent être beaucoup plus énergiques que les tissus. Mais parfois la réaction volontaire l'emporte. Il n'y aurait ni libre arbitre ni déterminisme absolu, mais lutte entre les deux forces, l'action et la réaction. Il existerait entre les deux une perpétuelle balance. Il y a une sorte de tissu mental dont la résistance varie sans cesse suivant les circonstances.

Tel serait le système du *synergisme psychologique*. Le rôle de la mentalité ne serait plus toujours entièrement *passif* comme dans le système du déterminisme pur ; elle ne serait pas toujours le maître comme dans celui du libre arbitre. Enfin le criminel pourrait être *psychologiquement coupable,* non pas par le seul fait de commettre le crime sans contrainte externe, mais par celui de n'avoir pas, avant de le commettre, résisté aux facteurs criminologiques, autant que le tissu de sa mentalité pouvait résister.

Il faudrait dans tous les cas supprimer le mot de volonté comme impropre, non seulement parce qu'il n'y a pas de *compartiment* de l'esprit spécial, *d'entité* correspondante à ce nom, mais aussi parce que le mot de volonté semble impliquer la liberté, la faculté de toujours décider à son gré, laquelle n'existe pas.

La lutte entre les éléments criminologiques et la résistance mentale forme un des drames les plus poignants qu'on puisse imaginer; il a été décrit par les plus grands génies, et toujours ou presque toujours le dénouement est la mentalité vaincue, la fatalité ou le déterminisme triomphants. On peut citer d'abord Œdipe, le chef-d'œuvre de Sophocle, puis Hamlet et Macbeth, les deux chefs-d'œuvre de Shakspeare. Le premier, malgré sa volonté d'être vertueux, devenant par la volonté des dieux le meurtrier de son père et le mari de sa mère, mêle avec peine la volonté impuissante avec la fatalité inéluctable. Il en est de même d'Hamlet, mais ici la fatalité se convertit en déterminisme; c'est contre son propre caractère que lutte sa volonté et le caractère, l'élément involontaire l'emporte. Il voudrait tuer le meurtrier de son père, il ne le peut pas; une perpétuelle aboulie l'enchaîne. Au contraire, chez Macbeth la volonté joue un rôle dominant, mais ce n'est pas la sienne, c'est une autre agissant par suggestion, celle de lady Macbeth. Lui, malgré son ambition, ne voudrait pas tuer le roi, mais une autre volonté le domine qui est un facteur extérieur. Dans les drames, dans les romans inférieurs, souvent la volonté l'emporte; mais dans les grands c'est toujours le destin, déterministe ou non, qui triomphe et donne la calamité finale.

Tel serait en *psychologie* le système que nous proposerions, non comme éclectique, mais comme expression de la réalité. Cependant nous ne méconnaissons pas les objections graves que le déterminisme pur peut élever contre lui, quoiqu'en somme il n'y contredise pas. Les grands motifs de la causalité et de la persévérance des forces sont en faveur de ce dernier. Comment admettre *l'initiative de la mentalité?* N'est-ce pas *introduire* dans l'univers une *cause nouvelle* et *autonome* que rompt la *sériation* de cause à effet? D'autre part, n'est-ce pas admettre aussi une force nouvelle et ajoutée à la quantité de forces qui doit rester constante? Nous ne méconnaissons pas la force de ces objections. La mécanique cosmique serait dérangée. Il y aurait sans doute des réponses à faire, mais cette discussion nous entraînerait trop loin hors de notre sujet. Quant aux partisans du libre arbitre, ils rejetteraient notre choix d'un bloc, comme incompatible avec le leur.

Si du *terrain psychologique* nous passons au *terrain sociologique*, nous constatons que cette querelle y est inutile presque entièrement. Là, le déterminisme doit triompher sans conteste, car comment rechercher la *force de résistance*, de *réaction mentale* contre le facteur qui a pu précéder ou accompagner l'action? Ce n'est que *par hasard* qu'on peut les connaître. On doit donc agir socialement en adoptant les conclusions du déterminisme absolu.

Ces conclusions mènent logiquement à fonder le droit social de punir non sur la culpabilité de l'agent, mais sur le *danger* ou le *dommage* du crime pour la *Société*. Ce danger ou ce dommage sera la *seule condition* de l'incrimination; la prévention du coupable, son élimination, son intimidation, suivant les cas, seront les seuls buts de l'application de la peine. Dans ces éléments se trouvera aussi la *mesure* de cette application. D'ailleurs, le système contraire aurait l'inconvénient grave de faire punir le coupable le plus dangereux, l'incorrigible, parce que sa volonté serait moins libre, moins sévèrement que le délinquant ordinaire, ce qui mène à une absurdité.

On a cependant objecté qu'en suivant ce critère et cette mesure, les déterministes peuvent punir d'une *manière excessive* le moins criminel moralement si son crime est plus dangereux pour l'État, par exemple, le criminel politique, et qu'on fait dominer ainsi la raison d'État, prétexte de toutes les injustices. Ils protestent pratiquement en tenant compte avec le plus grand soin des motifs et de la conduite antérieure du criminel. Mais comment pourront-ils justifier cette inconséquence ou l'expliquer?

Il n'y a point d'inconséquence. Si les déterministes prennent le plus grand souci des circonstances qui environnent le délit, ce n'est point directement pour en *extraire la quantité de liberté*, de puissance de mentalité qui peut résister à l'impulsion et pour diminuer la peine en cas de diminution de cette liberté, puisqu'ils ne reconnaissent jamais l'existence de cette dernière, c'est parce qu'ils doivent examiner l'*état de santé criminologique* exact du criminel pour lui

appliquer le remède convenable, remède qui varie suivant les tempé-
raments.

Seulement il résultera de cet examen et de cette application qu'indirectement toujours, le déterminisme ne pourra *outrer la peine* dans
l'intérêt social ou en dépasser la mesure équitable; son application
recevra une inhibition mécanique et automatique en ce que l'efficacité des peines serait nulle si l'on dépassait un certain maximum
pour chaque nature de criminel et pour chaque potentiel de crime.
Le criminel d'un délit dangereux pour l'État, mais qui n'offense profondément ou pas du tout la pitié ou la probité, ne devra pas subir de
*peine draconienne*, parce que pour le caractère que révèle ce genre de
crime, une peine trop forte serait irritante et de nature à provoquer
de nouveaux crimes; au contraire, le criminel de droit commun
pourra et devra être frappé de peines très fortes, parce que non seulement il serait insensible aux autres mais qu'en outre, elles n'amè-
neraient pas son élimination. Si les circonstances ne l'excusent pas,
cela révèle une nature plus méchante (non plus coupable dans cette
doctrine, mais le résultat est le même) et la méchanceté native,
pour être atténuée, doit être combattue par des mesures plus
énergiques.

Ce n'est pas tout, le déterminisme envisage le plus ou moins grand
nombre de motifs qui ont poussé au crime, et leur nature, non
pour *mesurer le degré de responsabilité morale* ou *sociale*, mais
parce que cet examen diminue le crime ou le justifie complètement, suivant ce qu'indique l'examen des motifs immédiats, et s'il
faut encore punir, on se guidera sur le caractère du crime et du criminel que révèlent ces motifs pour choisir la peine. Ce n'est pas
directement comme détruisant la volonté que ces motifs entrent en
compte, mais comme détruisant l'infraction elle-même qui n'est
plus réprimée de la même manière, si ces motifs ne sont pas désho-
norants, par exemple. Cependant l'effet pratique ressemble souvent
à ce qu'on obtiendrait avec l'examen de la quantité de libre volonté
incluse en l'acte.

C'est ainsi que le *déterminisme sociologique* par un *ressort naturel* se comprime lui-même en ce sens que, quoique visant l'utilité et la
défense, il ne peut contrevenir à l'équité. Par cette explication il
échappe au plus grave reproche qu'on puisse élever contre lui.

Dès lors, il n'est plus nécessaire, même dans le système du *synergisme psychologique*, d'essayer de dépasser cette sphère et d'en-

trer dans la sphère sociale, où l'un de ces éléments serait impossible ou tout à fait difficile à constater, et ce, dans le but de découvrir la puissance de la réaction morale que le criminel aurai pu employer. Ce *résidu* se trouvera indirectement découvert, il apparaîtra par l'effet indirect de l'application du *déterminisme pur*. Celui-ci peut donc et doit régner dans l'ordre sociologique, quand même le *synergisme*, ainsi que nous le pensons, devrait être introduit dans l'ordre psychologique.

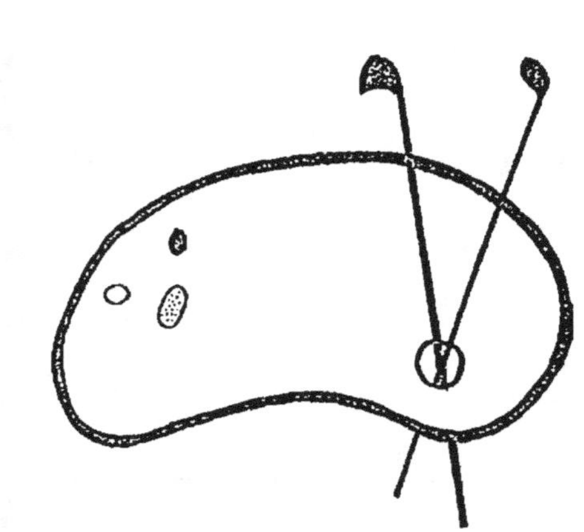

ORIGINAL EN COULEUR
NF Z 43-170-8

# REVUE INTERNATIONALE

DE

# SOCIOLOGIE

PUBLIÉE TOUS LES MOIS, SOUS LA DIRECTION DE

**RENÉ WORMS**

Secrétaire-Général de l'Institut International de Sociologie
et de la Société de Sociologie de Paris

AVEC LA COLLABORATION ET LE CONCOURS DE

MM. Ch. Andler, Paris. — A. Asturaro, Gênes. — A. Babeau, Troyes. — M. E.
Ballesteros, Santiago. — P. Beauregard, Paris. — R. Bérenger, Paris. —
M. Bernès, Paris. — J. Bertillon, Paris. — A. Bertrand, Lyon. — L. Brentano,
Munich. — Ad. Buylla, Oviedo. — Ed. Chavannes, Paris. — E. Cheysson, Paris.
— Ad. Coste, Paris. — R. Dalla Volta, Florence. — J. Dallemagne, Bruxelles.
— E. Delbet, Paris. — H. Denis, Bruxelles. — C. Dobrogeanu, Bucarost. —
P. Dorado, Salamanque. — M. Dufourmantelle, Paris. — L. Duguit, Bordeaux. — P. Duproix, Genève. — A. Espinas, Paris. — Fernand Faure,
Paris. — E. Ferri, Rome. — G. Flamingo, Rome. — A. Fouillée, Paris.
— A. Giard, Paris. — Ch. Gide, Montpellier. — R. de la Grasserie,
Rennes. — P. Guiraud, Paris. — L. Gumplowicz, Graz. — H. Hauser,
Clermont. — M. Kovalewsky, Beaulieu. — F. Larnaude, Paris. — Ch.
Letourneau, Paris. — E. Levasseur, Paris. — P. de Lilienfeld, Saint-Pétersbourg. — A. Loria, Padoue. — J. Loutchisky, Kiew. — John Lubbock, Londres.
— J. Mandello, Budapest. — L. Manouvrier, Paris. — P. du Maroussem, Paris. —
T. Masaryk, Prague. — Carl Menger, Vienne. — G. Monod, Paris. — F. S. Nitti,
Naples. - J. Novicow, Odessa. - Ed. Perrier, Paris. - Ch. Pfister, Nancy. - Georges
Picot, Paris. — Ad. Posada, Oviedo — O. Pyfferoen, Gand. — A. Raffalovich,
Paris. — M. Revon, Paris. — Th. Ribot, Paris. — Ch. Richet, Paris — E. de
Roberty, Tver. — V. Rossel, Berne. — Th. Roussel, Paris. — A. Schæffle,
Stuttgard. — F. Schrader, Paris. — G. Simmel, Berlin. — C. N. Starcke, Copenhague. — L. Stein, Berne. — S. R. Steinmetz, Utrecht. — G. Tarde, Paris. —
J. J. Tavares do Medeiros, Lisbonne. — F. Tœnnies, Hambourg. — A. Tratchewsky, Saint-Pétersbourg. — E. B. Tylor, Oxford. — E. Van der Rest, Bruxelles.
— I. Vanni, Rome. — J. M. Vincent, Baltimore. — P. Vinogradow, Moscou. —
E. Westermarck, Helsingfors. — Emile Worms, Rennes. — L. Wuarin, Genève.

Secrétaires de la Rédaction : Ed. Herriot. — Al. Lambert. — G.-L. Duprat.

**Abonnement annuel : FRANCE : 18 fr. — UNION POSTALE : 20 fr.**

## PARIS.

## V. GIARD & E. BRIÈRE, ÉDITEURS

16, RUE SOUFFLOT, 16

**LIBRAIRES CORRESPONDANTS :**

| | | | |
|---|---|---|---|
| Benda (B.), | à Lausanne. | Lœscher & C°, | à Roma. |
| Brockhaus (F. A.), | à Leipzig. | Mayolez (O.) & J. Audiarte, | a Bruxelles. |
| Feikema Caarelsen & C°, | à Amsterdam. | Nutt (David), | à Londres. |
| Férin & C°, | à Lisbonne. | Sasson et Wallin | à Stockholm. |
| Gerold & C°, | à Vienne. | Stapelmohr (H.), | à Genève. |
| Kilian's (F.), | à Budapest. | Stechert (G. E.), | à New-York. |
| Kramers & fils, | à Rotterdam. | Van Stockum & fils, | à La Haye. |

* 9 7 8 2 0 1 3 5 6 1 2 8 0 *